管 理

陈旭◎著

带队伍从基础到卓越的
七种武器

七 绝

台海出版社

图书在版编目（CIP）数据

管理七绝 / 陈旭著 . — 北京 : 台海出版社，2024.
9.（2025.1 重印）— ISBN 978-7-5168-4009-2

Ⅰ . F720

中国国家版本馆 CIP 数据核字第 2024CM5244 号

管理七绝

著　者：陈　旭	
责任编辑：魏　敏	封面设计：宋晓亮
策划编辑：戈旭皎	

出版发行：台海出版社

地　　址：北京市东城区景山东街20号　　邮政编码：100009

电　　话：010-64041652（发行，邮购）

传　　真：010-84045799（总编室）

网　　址：http://www.taimeng.org.cn/thcbs/default.htm

E-mail：thcbs@126.com

经　　销：全国各地新华书店

印　　刷：三河市天润建兴印务有限公司

本书如有破损、缺页、装订错误，请与本社联系调换

开　　本：710毫米×1000毫米　　　　　1/16

字　　数：180千字　　　　　　　　印　　张：13

版　　次：2024年9月第1版　　　　　印　　次：2025年1月第2次印刷

书　　号：ISBN 978-7-5168-4009-2

定　　价：52.00元

企业即人。

管理企业、团队，根本是管人。企业、团队越大，意味着你需要管理的人越复杂。

对于管理者而言，人是最重要的"资本"，同时也是最大的"麻烦"。手底下的人越多，意味着你的地位越高，同时也意味着你的"麻烦"越多。

你要找到合适的人。比尔·盖茨说：一个组织要发展迅速，得益于聘用好的人才，尤其是需要聪明的人才。

你要培训人。沃伦·贝尼斯说：员工培训是企业风险最小、收益最大的战略性投资。

你要塑造人。松下幸之助说：造人先于造物。

你要留人、裁人。詹姆斯·柯林斯说：将合适的人请上车，将不合适的人请下车。

通过招人、"练"人、选择人，你终于拥有了一个过硬的团队。这时候，你会发现——人和人的合作，有时候是 1+1 大于 2，但有的时候是 1+1 小于 2。一批优秀的人才，放在一起不会自动形成一个优秀的团队，此时你要通过团队管理，把人和人"捏合"到一起。

你要塑造团队意识。罗伯特·凯利说：企业的成功靠团队，而不是靠个人。

你要促进团队合作。大卫·史提尔说：合作是一切团队繁荣的根本。

你要建立团队沟通。萨姆·沃尔顿说：沟通是管理的浓缩。

你要带领团队决策。T·戴伊说：正确的决策来自众人的智慧。

团队做出成绩之后，你要有有效的奖励措施。米契尔·拉伯福说：奖励什么，就会得到什么。

团队平稳运行时，你要有所强调，要时时检查。路易斯·郭士纳说：如果你强调了什么，就应该去检查它；如果你不检查，就意味着你不重视它。

……

那些优秀的企业家，似乎把我们该做什么、要做什么，都说得明明白白了，我们还需要学习其他东西吗？

当然需要，企业家只是说了该做什么，可没有说该怎么做，做的时候要注意什么，背后的管理逻辑究竟是什么……

不懂管理的底层逻辑，把管理大师、企业家的话当作金科玉律，是做不好管理的。管理是一门实践性很强的学科，只有理论和实践结合，才能学到其精髓。

《管理七绝》就是这样一本从实践中来又到实践中去的管理专著，它从中国一般性企业、一般性团队的现实情况出发，从一线管理者的实际需求入手，解决管理者关于基础提升、风险管控、心理赋能、法则制约、团队提升、消除内耗、设意沟通七个最为关键和最具实践意义的重大问题。此外，它将中外管理界、学界普遍公认的至理名言，总结成45个短小精悍却能让人醍醐灌顶的"管理课堂"，寥寥数语，便可让广大读者将经典的"管理箴言"熟记于心。

总而言之，读懂《管理七绝》，你就读懂了中国管理法则的精髓。

目 录

基础提升：

管理者的六大"原力"

想成为优秀的管理者，先得成为合格的管理者。

别以为坐上管理位置就自然合格了，实际上，"合格"门槛很高，不少管理者虽在岗已久，但仍未达标。合格的管理者需具备六种基本能力，即"六大原力"：沟通力、执行力、抗压力、眼力、计划力、意志力。

沟通力：管理是沟通的浓缩

做管理，必须把"说"放在"做"之前。

不懂得沟通的领导，就是不会管理的领导。

领导放下架子，才能撑起里子；公司有了里子，自然会有面子。

从培养沟通力开始，让员工死心塌地为你卖命。

团队一旦开始沉默，公司就会变成坟墓。

有些管理者只喜欢"埋头干活"，往往忽视了沟通的重要作用。

或者说，他们压根儿就不重视沟通，认为所谓的"干活"，必须得先"干"才能有活路，沟通只是一种本能，话说得好不好，影响不大。

实际上，这是一种认知偏差。管理者的真正工作就是沟通，不管到什么时候，企业管理都离不开沟通。简单量化，我们会发现，企业管理者 70% 的时间都用在沟通上——开会、谈判、谈话、做报告、访问、约见等。沟通就像存在于海绵里的水，无处不在。如果管理中出现问题，那么 70% 的问题，一定是由沟通障碍引起的。

因此，一个合格的管理者，必定是一位沟通"小能手"。可问题又来了：人人都会说话，人人都能交流，但为什么沟通效果天差地远？原因很简单——他们不得沟通技巧。

有这么一家企业，一名管理者的办公室突然起火了。那名管理者见状，急忙对刚巧经过门口的员工吩咐道："快点儿，去打桶水来！"

员工一边应承着，一边心里犯嘀咕：公司的水龙头在哪儿？水桶又放在哪儿呢？经过一番苦思冥想，他终于想起不远处的食堂里有个水桶，打算先去那儿取水桶，再到最近的水龙头打水，这样应该能省不少力气。可当他回头望向办公室时，心里猛地一紧，管理者的办公室已经火光冲天了！

原来，管理者发现火情后，立刻吩咐这名刚走进门的员工去拿水桶灭火。员工虽然执行了命令，但却没明白管理者的真正意图。结果，员工心里还抱怨："早知道是要救火，附近就有灭火器，干吗非要我跑那么远去拿水桶呢？"

遇到火情时，管理者如果能稍微动动脑筋，就会发现救火并不一定非要用水，附近就有灭火器，几分钟就能把火扑灭。

对管理者来说，和员工保持良好的沟通真的是太重要了！因为管理者要做出正确的决策，就必须从员工那里了解到准确的信息，沟通就是两者之间最重要的桥梁。

第一，要沟通，先聆听。

人际沟通始于聆听，终于回答。一个不善于聆听的管理者，永远都悟不到沟通的真谛、管理的真谛，更不可能得到人心。沟通是双向的行为，管理者不仅要善于表达自己，更要注意聆听对方。只有通过聆听，他才能了解对方的真实想法或困难，发现潜在问题。

第二，要时刻关注对方的情绪。

沟通过程中，对方的情绪将直接影响沟通效果。当对方心情好时，我们开心地笑；当对方心情不好时，我们也要跟着难过。只有时刻关注对方的情绪，且能够通过表达情绪，让自身和对方的情绪产生共鸣，才能让两个人的关系更加亲密。具体做法是：

1. 情绪价值的提供，除了言语上的，还要有肢体上的肯定。

2. 关注对方的内在感受。

3. 夸赞的时候，一定要足够具体。

当我们用积极的情绪价值影响别人时，必将得到更多的回馈和惊喜。

第三，要重视沟通反馈。

反馈不是我们的敌人，而是一扇机遇之门。所以，无论沟通效果如何，我们都应该重视沟通反馈。当然，仅重视是不够的，还要能够根据反馈找出问题，跨过障碍。

第四，要创造平等交流的环境。

美国加利福尼亚州立大学对企业内部沟通进行研究后，发现了一个有意思的"位差效应"——来自领导层的信息只有 20% ～ 25% 被团队成员知道并正确理解，从下到上反馈的信息则不超过10%，平行交流的效率则可达到90%以上。这揭示了一个真相：平等交流是企业有效沟通的保证。因此，身为管理者，我们可以创建一个开放、平等的沟通环境，让员工无障碍沟通。

总而言之，管理者必须重视沟通、学习沟通，且在实践中不断打磨沟通技巧。至于能到什么程度，那就看我们自己的了。

 管理课

沟通的"三明治"法则

表扬第一层： 先表扬，甜头开道。

建议夹心层： 提建议，夹在中间。

鼓励第三层： 再鼓励，圆满收尾。

执行力：谁能解决问题，谁就是更好的管理者

做理想的巨人，当执行的矮子，最后只会成为时代的输家。

你还在原地踏步，对手已经鹏程万里。

不被执行的宏伟蓝图，是废纸；不被执行的伟大目标，是白日梦。

身为管理者，只要踏出执行的第一步，你就已经赢了。

想一千次，不如实干一次。

在企业管理中，执行力是个老生常谈的话题。几乎所有的管理者都清楚：一个经营战略或工作计划，就算制订得再详细、再科学、再完美，但如果不能高效执行，最终只能是一纸空文。

没有"做"，永远不会成功。

2024 年巴黎奥运会上，在世界面前，中国乒乓球运动员再次大放异彩。其实，乒乓球运动可以很好地体现执行力的特点——快、准、狠。"快"，代表迅速反应，立即行动；"准"，代表瞄准方向，精确无误；"狠"，代表全

力以赴，尽心竭力。只有做到这几点，才算真正弄懂了执行力的精髓。

但可惜的是，在现代企业管理中，很多管理者容易犯一个错误：明明知道"不执行，无结果"，却总是漠视"执行"；或者根本就想不起来，"执行"才是影响目标达成、团队业绩的关键因素。为什么会这样？

原因很简单——他们缺乏对执行偏差的敏感性。

举个例子：按照计划，某个人每天要擦六次桌子。可是，他觉得擦桌子没那么重要，于是执行时悄悄减了两次。前三天，他每天会认真擦四次桌子，但到了第四天、第五天，就会开始敷衍，甚至完全不做了。到这里，"执行"完全成了空话。擦桌子这件事，就此夭折。

缺乏执行力，是一件可怕的事情。

有一家民营企业，因为经营不善，已濒临倒闭。无计可施的情况下，老板不得不花重金，从德国请来一位企业管理专家，希望其能改善企业的经营管理体系，拯救濒临死亡的企业。

德国专家走马上任后，立即着手对公司上下进行考察。公司员工满怀期待，以为他会针对公司的情况，制定出一套全新的管理方法。这套全新的管理方法，则会为公司注入新鲜血液，让公司重燃生机。

可奇怪的是，德国专家考察过后，不仅没有制定什么新方法，反而让公司上下按以前一样运作——人员、设备、流程，甚至制度都原封不动。他做出的唯一变动就是，要求公司员工增强执行力，坚定不移地、不折不扣地贯彻落实公司的一切制度。为了落实这项指令，他还制定了一套严苛的奖惩制度，对执行力不强者施以重罚。

起初，老板、员工都对专家的提议能够带来的效果半信半疑，但结果却让他们惊喜万分。专家这个"绝招"，使濒临破产的企业在一年内扭亏为盈，起死回生。

再完美的经营管理制度，离开有效执行，都只是一个笑话。因此，在企业管理中，不管是将帅，还是普通员工，都必须把执行力看成生存发展的一项重要能力。只有执行力好，工作才能做好，团队业绩才会越来越好。

可以毫不夸张地说，谁能让团队拥有一流的执行力，谁就有了解决问题的能力，谁就是更好的管理者。那么，对于管理者来说，如何才能提升团队的执行力呢？一般来说，我们可以从以下三个方面着手。

第一，设定明确的目标。

提升团队执行力的第一步，是确保团队成员对目标有清晰的认识。如果连目标都看不清楚，谁会在路上用力奔跑呢？所以，管理者必须在第一时间把清晰、明确的目标传达给团队成员，并给他们布置任务。

第二，建立高效的沟通机制。

团队执行力的提升，离不开高效的沟通。管理者必须及时建立起高效的沟通机制，使团队成员能够及时地交流信息、反馈问题。只有扫清执行道路上的一切沟通障碍，大家走起来，才能快而稳健。可以定期召开团队会议，及时沟通、反馈、讨论；强化跨部门协作，建立跨部门沟通通道；建立信息共享平台，共享团队资料。

第三，优化团队奖惩机制。

团队执行力的提升，还需要用奖惩来调动。团队成员执行力差的，就要受到惩罚；反之，执行力强的，要给予合理的回报和认可。想要马儿跑得快，就得草来带。合理的奖惩机制，会让团队的执行力越来越强。

总之，决策再正确，计划再严谨，梦想再伟大，蓝图再宏伟，如果缺乏严格、高效的执行力，那么结果都会和我们的预期相差甚远，甚至南辕北辙，最终可能不是摘得成功的桂冠，而是落入万劫不复的深渊。

想，都是问题；做，才是答案。

 管理课

好的管理需要管好四个问题

原则问题不糊涂，坚定不移地坚守。

重大问题不模糊，明明白白地处理。

突发问题不冲动，冷静应变地应对。

意外问题不重复，建章立制地预防。

抗压力：受得住压力，才握得住权力

权力非易得，必先受其重。

胆识源于顽强的拼搏力。

抗不了压的管理者，就是在让团队慢性自杀。

你是什么样，员工就是什么样。

你扛得起压力，团队自然坚韧不拔！

在管理的世界里，压力无处不在。

我们每天都不得不承受压力的骚扰——担心上司对自己不满，随时另选"新欢"；担心自己的管理不到位，团队没有取得好业绩；担心部下不用心工作，会带来工作失误……无数负面情绪汇聚而来，形成一张压力的大网，压得人喘不过气来。

于是，很多管理者在压力的摧残下逐渐"受伤"——焦虑、浮躁，甚至失去对局势的掌控。这样的管理者，等待他们的唯有一条路，那就是慢慢失去手中的权力。真正优秀的管理者，一定懂得如何在压力中保持冷静，并将压力转化为动力，将挑战变成发展的契机。

能够承受压力，是管理者的基本素质，更是权力与责任的象征。

　　刘伟是一家大型科技公司的项目主管，工作很出色。最近，他被分配到一个任务紧迫的项目上，需要带领几名软件工程师，在一个月内完成大量的开发任务。由于项目时间紧、任务重，他感到了巨大的工作压力。一开始，他只是工作时精神难以集中，后来慢慢有了失眠、焦虑和易怒等症状，这严重影响了他的工作效率和生活质量。眼看离工作目标越来越远，他不得不暂时停下手中的工作，用下面几种方法调节自己。

　　一是自我认知。他意识到，沉重的压力对工作和健康可能产生负面影响。为了更好地消化压力，他开始通过日记记录自己的情绪变化，以便更好地理解自己的压力。

　　二是学会放松。为了缓解压力，他开始实践用看书、跑步、打球、冥想等放松方法，来减轻身心的紧张感。

　　三是时间管理。面对繁重的工作，他学会了更有效的时间管理技巧。他制订了详细的日程计划，并将任务分解为无数个小任务，逐一完成。

　　四是分散压力。他与团队沟通了自己的困难，获得了团队成员的认可和支持，共同推进项目进展。

　　结果，他在规定期限内，带着团队保质保量地完成了任务，得到了公司领导、同事的认可。

在带领团队前进的过程中，我们不可避免地会遇到各种困难和挑战，这些都会转化为沉重的压力，落在我们肩上。

压力，既是动力，也是责任。管理者需要有强大的抗压能力，保持冷静和坚定，才能不被压力击垮，而后做出理性决策，正确应对。只有在压力面前勇敢向前，你才能真正掌控局面，带领团队走向成功。

第一，学会冷静，避免情绪化决策。

有的时候，世界会变得不可理喻，但管理者有责任不让自己被动荡的世界所裹挟。所以，当压力来临时，管理者必须学会控制自己的情绪，保持理性思考。情绪化的决策，往往会导致判断错误，加剧问题的复杂性。

如果实在不知道如何冷静下来，那就闭上眼睛，深思五分钟。

第二，自我调节，用放松缓解压力。

压力过大时，可以尝试自我调节，用放松缓解压力。比如，可以听听音乐。轻快、舒畅的音乐，不仅能给人美的享受，还能使人的精神得到有效放松。还可以运动一下，约上同事一起跑步、打球，用运动来舒缓身心。如果压力实在太大，不妨出门散散心，也是很不错的。

第三，分解压力，逐步解决问题。

面对巨大的压力，我们可以将问题分解为多个小问题，逐步解决，这样能够有效减少压力感。通过获得阶段性的成功，我们也能积累信心，逐步化解整个压力源。具体做法是：将一个大任务分割成多个小任务，设定阶段性目标，在每次达成目标后，给予自己和团队适当的鼓励或奖励，再带着胜利的喜悦，继续向下一个目标进发。

第四，建立强大的支持系统。

管理者不应独自承担所有压力。公司应建立一个强有力的支持系统，能够帮助管理者分担压力，共同面对挑战。上至老板，下至员工，这个系统中的每个成员，都是我们强有力的援助。

最后，要压力，不要压抑。管理者感到压力，并不一定是件坏事，很多时候，反而是一种向上的动力。但是，千万不要让压力变成压抑。

在优秀的管理者手中，压力只能是捍卫权利的武器。

 管理课

抵抗压力的"四大支柱"

心态坚韧如磐石： 压力之下，稳如泰山，任风吹雨打而不乱。

情绪调节有妙招： 转化负面情绪，保持内心平静。

乐观态度照前路： 笑对困境，心态积极，黑暗之中寻光明。

自我激励不间断： 自我鞭策不懈怠，内在动力永不竭。

眼力：将合适的人请上车，将不合适的人请下车

你心疼别人，谁心疼你的事业？

竞争很残酷，所以用人必须严格。

如果要安装家具，那就扔掉你手中的菜刀，拿起锤子。

再好的人才如果不是你需要的，就必须果断放弃。

不管是"德"，还是"才"，其实都无法找到完美的人。事实上，在企业管理中，也根本不会有完美的人，有的只是某些领域的顶尖人才。

因此，管理者用人，要避开"完美人才"的误区。只要适合自己，能为我所用，就是完美的人才。找到"合适"人才的前提，则要有高人一等的眼光。这个眼光，简单来说要满足两点：一是"知人"，二是"善任"。

"知人"，就是要了解一个人的长处，知晓一个人的能力，研判一个人的人品，洞察一个人的潜质。"善任"，则是要综合"知人"的判断，把合适的人放在合适的岗位上，适才适用，用其所长，避其所短。

在企业管理中，很多优秀的管理者能做到这一点。

福特公司的工程师哈罗德·斯伯利特，曾大力主张生产一种微型货车。他是老牌汽车工程师，对汽车市场有一种异常敏感的预知能力。他敏锐地觉察到，这种微型货车，将会是未来汽车制造业的发展趋势。

为此，他兴奋地把自己的想法告诉了福特公司的领导人亨利·福特二世。

但遗憾的是，亨利·福特二世否决了斯伯利特的计划。原因是，埃德塞尔也尝试过开发微型货车，但失败了。他认定自己的能力比不上埃德塞尔，既然前人都做不到，那么自己自然也做不到。

被拒绝后，斯伯利特如坐针毡，在岗位上逐渐失去激情。浑浑噩噩一段时间后，没有取得什么成绩，他萌生了离开的想法，并且很快付诸行动。他离开福特公司的消息传出后，沃尔沃、通用汽车等福特公司的竞争对手纷纷向他抛出了橄榄枝。他们都很清楚，斯伯利特是汽车领域的顶尖人物，只要给他合适的平台，他一定能大放异彩。

最终，通用汽车公司以十分优厚的待遇，请到了斯伯利特这尊"大神"。当然，在待遇上，有斯伯利特最想要的东西——可以自主研制微型货车。他想要研制微型货车的想法，得到了通用汽车公司总裁艾科卡的全力支持。

五年后，斯伯利特的新型微型货车终于上市，并大受欢迎，成为通用汽车的支柱产业。他终于在通用汽车公司实现了自己的愿望，创造了自己的价值，通用汽车公司也因此赢得了丰厚的回报。

任何企业都需要人才，谁拥有了人才，谁就拥有了在竞争中克敌制胜的法宝。可有了人才，就一定能为企业创造价值，或战胜竞争对手吗？未必。因为很多管理者没有识人的眼光，没有知人善任的能力，白白浪费了人才。

其实，多数管理者明白这个道理——任何人都有他该有的位置，只有将人放在适合他们的位子上，才能挖掘出他们身上的潜能。可问题是知易行难，就算管理者知道要人尽其才、知人善任，可做起来却会千难万难。

第一，用人先识人。

一座冰山，用眼睛观察，只能看到冰山一角，而要了解更多，就需要多渠道、多途径去观察它、走近它、了解它。识人也是如此。想要看清一个人的能力特质，就需要进行长时间的沟通、观察。可以这样做：

善于观察。通过第一印象，我们会对一个人有基础的认知，但要想了解得更多，就需要观察其习惯和细节，并做出判断。

多沟通，善聆听。多让下属发言，多听下属说话，一个人的言谈举止也能很好地反映出一个人的性格、阅历、能力等。

多给任务，检验能力。了解一个人的能力，最快、最有效的方法，就是用任务检验。在完成任务的过程中，其能力、短板都会逐渐显露。

第二，用人所长，容人所短。

一个人无论多么有才，必定会有弱点和短板。优秀的管理者，不仅会关注下属的长处，依据下属的长处安排职务及工作，使其长处得以发挥，还会容忍其短处，在下属短处不影响其优势发挥的前提下，为其安排合适的位置。

优秀的领导者，不仅懂得知人、识人，更懂得善用人才。让合适的人上车，能用人所长，则天下处处是人才；让不合适的人下车，避人所短，团队会越来越好。

有敏锐的眼光，知人善任是为领导之道。

企业用人之道

不养闲人，以避免资源浪费；

不亏能人，以确保人才留存；

不用庸人，以保证团队效率；

不留懒人，以维护企业氛围。

计划力：管理必有目标，目标必有计划

善于规划，才能精于做事。

没有计划力的管理者，跟无头苍蝇没有任何区别。

市场瞬息万变，你刚想到，别人已经做到。

未雨绸缪，才能决胜千里。

计划就是连接"现在"和"目标"的桥梁。

在企业管理中，计划是管理者基本的能力，也是管理者最容易忽略其管理价值的一项能力。对于很多管理者而言，计划只是一个纸面文本、一页 PPT，或是年初上交的提案、年底总结的参照。它的实际作用，总会被人有意无意地忽视。

对于管理者而言，计划太重要了，如确定目标、做好规划、优化资源、提高效率、降低成本、协调合作……可以说，企业管理的任何一个环节，都离不开计划的帮助。

凡事预则立，不预则废，计划的重要性不言而喻。企业管理中一旦少了计划，则会带来可怕的连锁反应。

管理学著名的墨菲定律是这样的：事情如果有变坏的可能，不管这种可能性有多小，它总会发生。这句话告诉我们，做事情必须有计划性，不能随意而定，不能因为是小事情而忽略。只有按部就班地按计划行事，才会及时发现事情即将要变坏的可能性，也可以抑制这个可能性继续扩大。

1952 年 7 月的一个清晨，加利福尼亚海岸下起了浓雾。在海岸以西 21 英里（约 34 千米）的卡塔林纳岛上，34 岁的游泳健将费罗伦丝·查德威克整装待发。她要向茫茫大海发起挑战，从太平洋游向加州海岸。如果成功，她将会成为第一个游过这个海峡的女性。

在此之前，她已经成为第一个游过英吉利海峡的女性。时隔几年，她决定再次挑战自己，也坚信自己一定能够成功。可这天的天气对她来说十分不利——雾太大了，一米之外什么都看不见。尽管如此，她还是毅然下了水。

前期考察路线时，她虽然乘船来来回回几次，熟悉了线路，但却从来没有制订一个完整的计划。她的想法是，路线熟悉了，只要往前游，凭借自己的实力，不难达成目标，但是她却忽略了现实因素的影响。

虽然已经进入夏季，但太平洋的海水温度却并不高。时间一久，她就被海水冻得身体发麻。还有几次，几只鲨鱼悄悄游了过来，被船上的人开枪吓跑了。在寒冷的侵袭下，她的身体越来越冰冷，开始不受控制地发起抖来。

因为没有完整的计划，且看不到目标，她逐渐丧失斗志。她对船上的教练说："我太冷了，请把我拉上去吧。"

"再坚持几分钟，你马上就要成功了！"教练鼓励她说，"快到岸边了！"

"不，我只想回到船上去，一分钟也不想游了。"

没办法，教练只得按她的意思，把她拉回船上。可是回到船上后，她才发现，原来离岸边真的很近了，只有半英里（约800米）。因为这半英里，她与成功失之交臂。

在一项研究中，有位学者调查了92家企业，其中17家企业有正式的长期计划，而其他企业，有的仅有非正式的长期计划，有的完全没有长期计划。通过销售额、股票价格、股票收益等指标对企业进行评价后，他们发现：有正式长期计划的企业，其表现几乎都优于没有正式长期计划的企业。可见，任何企业的成功经营或持续成长，都是精心计划而来的。好的计划，必定会带来好的成果，没有计划，则一切都是空谈。

那么，对于企业管理者来说，如何提高计划力呢？可以从三个方面着手。

第一，要有明确、细致的目标。

其实，每个企业都会设定目标，但多数企业设定的目标没有具体的操作方法。比如，我要在三年之内赚50万元，五年之内赚200万元，十年之内赚2000万元，十五年之内……如果仅是这样的计划，有和没有没什么区别。如何实现三年之内赚 50 万元？具体的计划细节是什么？要怎么做？会遇到哪些困难？太多的问题，需要一份详尽的计划予以解决，然后再付诸行动。虽然执行过程中会有很多难以预料的困难，但因为步步为营，最终都会成功克服。

一个中型企业的老板这样说："我要做一个爱学习的管理者，让企业快速地强大起来。"这样的目标往往是无法实现的，因为太笼统了，仅仅是一句口号而已，没有任何可操作性。但如果按照以下要求细化目标，实现的可能性就会大大增加。

进行计划管理之前，首先要明确自己的目标和战略。简单来说就是，自己要实现什么，以及如何实现。目标和战略要具有可量化、可实现、具有挑战性和适应性的特点，同时与企业的愿景、使命和价值观相一致。否则，目标一旦变成梦想，那就可能脱离实际。

第二，分析环境和资源。

这一点很好理解，就是——我处在怎样的环境中，手中有怎样的资源可以为我所用。分析环境，可以帮助我们识别团队的优势和劣势，以及外部风险的威胁，从而进行合理的优势互补和风险规避。分析资源，可以帮助我们了解自身的能力和限制，以及需要获取或整合的资源。只有如此，才能制订出合适的计划。

第三，制订计划和方案。

明确目标和战略、分析完环境和资源后，我们心中有数，就可以根据实际情况制订计划和方案了。一般来说，计划和方案应该包括以下几个关键要素：任务、责任、预算、方法、时间、标准等。计划制订得越清晰，我们执行起来就越顺利。

　　毫不夸张地说：一个好的计划，是成功的一半。

 管理课

管理中的七个"只要"

只要是工作，必须设目标。

只要设目标，必须订计划。

只要有计划，必须得执行。

只要在执行，必须细检查。

只要一检查，必须出结果。

只要出结果，必须定责任。

只要定责任，必须明奖惩。

意志力：领导是什么样，团队就是什么样；你越顽强，团队越强大

锲而舍之，朽木不折；锲而不舍，金石可镂。

头狼需要有顽强的意志力，才能带领狼群走出雪原。

雄狮需要有顽强的意志力，才能统领狮群熬过干旱。

弱者寻求庇护，强者直面挑战。

没有强大的意志力，凭什么带领团队披荆斩棘。

在所有的成功者中，意志力起着决定性的作用；对失败者来说，缺乏意志力几乎是他们的通病。意志力是除智商、情商外，影响一个人发展结果的核心因素。

对于企业管理者来说，意志力是带好团队强大的工具。一个拥有强大意志力的管理者，往往能让团队坚如磐石。

意志力是蕴藏于管理者的内在、体现在行动中的超人品格。管理者要面对很多不确定的环境，会遇到很多棘手的问题。在这个过程中，他需要拥有强大的意志力，使自己能够迎难而上，坚持下去，不达目的誓

不罢休。为帅者坚持向前，团队成员自然会紧随其后，团队自然会更加顽强、强大。

那么问题来了：既然意志力如此重要，为什么很多管理者会缺乏意志力呢？

一般来说，有以下几点原因：

急功近利，目光短浅。短时间内看不到效果，就会选择放弃。

安于现状，不思进取。很多人沉迷于"舒适圈"，不愿意走出这一步。

缺乏规则，没有约束。没有规则和约束，很多人容易产生惰性。

易被诱惑，不够专注。内心不够坚定，做事容易分心。

自控力差，做事拖延。做事情时，越拖延，意志力越薄弱。

任何时候，管理者是否具备顽强的意志力，都关系着团队的生死存亡。那些拥有强大意志力的管理者，往往都能带出强大的团队。

松下电器曾遭遇过有史以来最大的一次危机，大厦几乎将要倾倒。紧要关头，松下幸之助却病倒了，不得不在医院接受治疗。

病床边，传来的全都是不好的消息——销售额减半、大客户流失。面对这些棘手问题，松下幸之助无法安心卧床养病，只好躺在病床上，忍着病痛分析问题、做出决策。

公司面临的形势太严峻了，所有人都认为，解决困境最好的方法是生产减半、员工减半。除此之外，没有人能拿得出从根本上解决问题的方案。一些重要的管理人员，也开始游说松下幸之助，想让他做出上述决定。

但是，松下幸之助拒绝了，而且下达了"以人为本"的命令。那时候不像现在，企业普遍对员工没有那么重视。他的这个决定，一石激起千层浪，很多管理者纷纷表示反对。

松下幸之助却说："松下如果今天就要倒闭的话，那可以解雇员工。但是，我还打算将来把松下电器做得更大。所以，我绝不允许解雇员工，哪怕一个人！"他想要做大做强企业，无法容忍人心动摇。在轻松和困难之间，他选择了后者，凭借强大的意志力，站在了困难面前。

最终，一名员工也没有被解雇，而是改成半天上班半天休息，工资全额照发。另外，他让店员减少休息时间，加班加点地把产品卖出去。他的这些决定，给公司和员工带来了极大的鼓舞。员工的不安情绪消失了，所有人齐心协力，勇往直前。

两个月后，虽然社会还处于严重的萧条状态，但松下电器的库存商品却被销售一空。在松下幸之助强大的意志力下，松下电器成功走出逆境，获得了新生。

意志力强的管理者，不仅在管理中有坚韧的精神、直面困难的勇气，还有迎难而上的斗志。这样的管理者，会带着团队无视任何困难，攀上山巅。

有些管理者会因为缺乏意志力，或意志力不强而沮丧，其实大可不必。这是因为，意志力是可以通过训练得来的。任何人，只要方法得当，就可以让自己拥有强大的意志力。

那么，如何训练意志力呢？可以进行以下几点尝试。

第一，下定决心改变。

想提升意志力，就必须拥有改变的决心，不给自己留退路。要有判断力，让自己只能选择眼前这一条路，并且坚持走下去。下定决心容易，但改变的过程一定会很痛苦，要坚持走下去，绝不能退缩。

第二，确定明确的目标。

想提升意志力，必须给自己设定明确的目标——只有看准目标，才能强迫自己坚持走下去。不过，确定目标时，最重要的一点是切合实际，保证目标是经过努力可以达成的。一切从实际出发，实事求是。目标一旦脱离实际，可望而不可即，难以达成时，会极大地消耗人们的意志力。

第三，设立奖惩措施。

不管是提升个人意志力，还是提升团队意志力，好的奖惩措施都很有必要。这既是动力，又是约束。

第四，学会磨炼意志。

人性本就是容易放弃，贪图安逸，不愿走出舒适圈，意志力则是反人性的。这就是说，磨炼意志一定是痛苦的。所以，每当自己坚持不下去时，就要想方设法让自己坚持得比上次久一些，久而久之，你的意志力会越来越强大。

总之，提升意志力不是一朝一夕就能实现的，需要我们持之以恒。我们的意志力强大与否，会直接影响到整个团队的成败。为了让团队成为虎狼队伍，我们一起加油吧！

管理课

团队管理的"五力模型"

领导力：展现领导才能，引导团队前进。

执行力：确保计划得以有效执行。

沟通力：有效沟通，确保信息准确传达。

创新力：激发创新，推动组织发展。

学习力：鼓励学习，不断提升个人和团队的能力。

第 二 章

风险管控：

管理陷阱"避坑"指南

管理者就是一台对抗风险的机器。如果一个团队没有风险，没有陷阱，不需要管理者也可以运行。问题是，风险无处不在，正因为如此，管理者才有了存在的必要。

好的管理者，不仅善于与客观世界"斗争"，更要善于与主观弱点战斗。管别人，先得管好自己。

人情大于事情：
管理不是搞慈善、交朋友、攀亲戚

把人情推到事情前，就是把企业推到悬崖边。
在商言商，站在什么立场，就说什么话、办什么事。
做管理，必须敢于做"坏人"，不能一味地做烂好人。
面对工作，该谈规则的时候，就不要谈感情。
做管理，要敢于问责，敢于撕破脸皮。

管理就是管人，但目标是做事，千万不能本末倒置。

一个管理者，如果为了笼络人心、保持氛围，让人情凌驾于制度之上，导致"人和事不成"，便是犯了管理的大忌。

管理者要维护与下属之间的良好互动关系，但维护关系本身不是终极目标，要记住，事情永远大于人情。

三国时期，驻守荆州的关羽，遭到了吴国吕蒙的偷袭，败走麦城，将星陨落。

刘备得知这个消息之后，瞬间被愤怒冲昏头脑，想要立刻带兵攻打吴国。但是，当时蜀国最重要的战略就是"联吴抗魏"，因为魏国才是三国中最强大的力量，只有蜀国和吴国联合起来，才能压制魏国的野心。一旦蜀国和吴国爆发大规模战争，不管谁胜谁负，双方实力必然受损，到时候就再难阻挡魏国的扩张了。

蜀国一众大臣苦苦相劝，让刘备放弃攻打吴国的打算。但就在此时，张飞来了。作为蜀国的高级军官，张飞与关羽情同手足，而且他本身就是个爱感情用事的人，所以极力要求刘备出兵攻打吴国。

此时的刘备，也犯了"人情大于事情"的错误。在张飞的怂恿之下，他决意出兵。结果，被吴国吕蒙"火烧连营"，蜀国精锐部队损失惨重。从那一刻起，蜀国试图打败曹魏、恢复汉室的目标，就已经破碎了。

从人性的角度来讲，刘关张三人虽是异姓兄弟，但情同手足。刘备作为一方霸主，爱江山更爱兄弟，非常感人。但是，从管理的角度来讲，刘备因为太重人情，坏了事情，绝对是错误的"管理示范"。

在管理实践中，很多管理者会犯和刘备相同的错误——

员工犯错了，他撕不下脸皮批评他，也不指出来，反而一味包庇、袒护；

为了照顾下属的情绪，将规章制度抛之脑后；

在团队里和下属以兄弟相称，看起来其乐融融，但实际上破坏了团队合作的严肃性。

如此做法，不仅破坏了团队秩序，还助长了裙带关系和江湖习气。事实上，这是对团队、对员工的不负责。管理者主要的任务不是给员工提供情绪价值，而是帮助员工成长，帮他们拿到结果，获得更体面的生活，这才是对员工最大的负责。所以，合格的管理者，绝不能是"烂好人"。

为了杜绝"人情大于事情"的管理乱象，在日常管理中，管理者要做到以下几件事情。

第一，敢于指出员工的问题。

当员工态度非常不认真，总是犯低级错误时，你要敢于批评他，指出他的问题。切记，批评要一对一，要关起门来，对事不对人。

管理者要就事论事地指出员工的不足之处，并且能够带着他一起复盘、分析和改进，引导下属意识到自己不足的地方，自我反省。同时，作为管理者，你也能从员工身上看到自己的问题，共同承担责任，一起成长。

第二，量化考核，谈规则，不谈人情。

量化考核是企业衡量员工工作效率的标准，很多企业内部存在较为浓厚的"人情味"和"关系网"。某些员工可能因为其特殊身份（如老板的亲属或企业元老）而在犯错时得到一定程度的宽容或庇护。这种做法虽然可能在短期内缓解了某些人际冲突，但长期来看，却会严重损害企业的公正性和效率。

管理者应该严格执行各项规章制度，一丝不苟，谈规则，不谈人情，让员工的工作业绩在考核表中都能得到精确的反映。

第三，心慈口快，敢于开除人。

管理者到了一定境界之后，内心会越来越像"菩萨"，没有纠结的地方，一心向善，至真至纯。你的心很仁慈，但是你的口要快，要敢于开除人。

最后，总结一下：做管理，千万不要做"烂好人"，不能让"人情大于事情"。真正优秀的管理者，往往具有双重人格：一面是对团队的爱，能够关心大家，平时和员工玩到一起；一面是和员工保持距离，狠得下心，不怕得罪人，敢于做"恶人"。

管理五大陷阱，避免"踩坑"

怕开除人： 不敢辞退平庸员工，连累团队，就等着自己被辞退！

怕得罪人： 管理的同义词就是"得罪"，不敢当孤臣，就不能当领导！

爱包庇人： 对错不分，是非不明，你包庇别人，谁来包庇你？

爱帮助人： 自己累得精疲力竭，下属养尊处优，你的"善意"害人害己！

太重感情： 少谈感情，员工要的是成长、发展、利益、未来！

杜绝"教师爷"心态：只筛选不教育，只选择不改变

不会带兵的元帅不是好元帅。

领导者不要以为只招来几个人才，就能打造出一流团队。

好团队，都是管理者一朝一夕打磨出来的。

百炼才能成钢，团队更是如此。

管理者是拥有权力的人。拥有了权力之后，许多人会对自己的控制力产生一些不切实际的认识，甚至认为可以改变一个人，把所有员工塑造成自己想要的样子。

这种心态，是一种权力的傲慢，也是一种对自身能力的高估。事实上，管理者最多能帮助员工提高他们的专业能力，至于他们的性格、行事风格、态度，是管理者无法左右的。真正聪明的管理者，从来不会试图改变一个人，他们只做筛选——把合适的人招到自己的团队里，把不合适的人请出去。

20 年前，一个世界知名的企业家出席一个非常重要的活动。

活动中，一个疯狂的家伙突然从人群中冲了出来，冲到企业家面前，将一块蛋糕扣到了企业家的脸上。

虽然保安很快就过来控制住了那个疯狂的家伙，但是企业家还是被糊了一脸蛋糕。但企业家看起来一点也不慌张，他舔了舔脸上的蛋糕，说："还挺甜！"

人们都认为企业家是个宽容大量、临危不惧的人，但事实上，企业家回到公司之后，立刻将自己的保安集体辞退了。

企业家说："这次意外，虽然没有造成严重的影响，但体现了保安团队在业务上的不足，更重要的是他们的态度非常松懈。这是我所不能容忍的！"

这就是一个只做筛选不教育的典型案例。

企业不是学校，更不是托儿所，管理者需要的是"来之能战"的员工。管理者或领导者组建团队或选择合作伙伴时，要进行极为严格和精准的筛选，做到"严进"，而不是想："现在随便招点人，我'调教'一下，就可以用了！"不要高估自己，成年人的有些特质是你改变不了的，不要给自己找麻烦。所以，在选人阶段，管理者要确保所选择的人员或机构符合既定的标准和要求。通过严格的筛选，管理者才能找到那些已经具备所需技能和经验，且可以迅速适应新环境的人员。

由于被筛选者已经足够优秀，不需要额外的培训或教育，所以，一个有战斗力的团队很快就可以形成。管理者要知道，自己的时间和资源是有限的，将重点放在筛选人才上，可以极大地节约团队的管理成本。

相反，一旦管理者有了"教师爷"的心态，总想着"管教"团队成员，十有八九会让团队变成一个"低能"的组合，员工的独特性和创新性也会在"教师爷"的絮絮叨叨中被完全磨光。总体而言，只筛选不教育的管理方式，有以下几个方面的优势。

第一，节省时间和资源。

筛选过程相对简短，目标明确，可以快速识别出符合标准的人员或合作伙伴。

无须投入大量时间和资源进行培训和教育，能够立即让新成员投入工作中。

第二，保持独特性和创新性。

被筛选者通常已经具备独特的技能和经验，这种理念鼓励他们保持自己的风格和创新性。

没有强制性的培训和教育，被筛选者可以更自由地发挥自己的优势。

第三，快速适应和高效执行。

筛选过程中，管理者已经确保被筛选者具备所需的能力和经验，因此他们通常能够迅速地适应新环境。

这种快速适应的能力有助于团队或项目迅速启动并高效执行。

第四，减少培训成本。

无须为新员工或合作伙伴提供过多的培训，可以降低与培训相关的成本。

对于预算有限的组织来说，这是一个需要考虑的非常重要的因素。

管理者如果能够摆脱"教师爷"心态，拥有只筛选不教育的管理思维，才算是真正成熟的管理者。对于小团队的管理者而言，更是如此。

你是几流管理者

三流管理者靠权力管好下级；

二流管理者靠影响力管好同级；

一流管理者靠艺术力管好上级；

而超一流管理者则靠强大的定力管好自己。

算计多，成就少

格局是你的发展的天花板，气度是你的地位的奠基石。

管理者的胸襟海纳百川，才能转动天地。

失败者才会斤斤计较，你要做的是统筹全局。

有大肚量，才有大成就！

在管理中，许多领导者陷入了一个误区：认为精于算计可以让他们在竞争中立于不败之地。他们习惯于在团队内部耍"小聪明"，通过复杂的权术和完全的操控获得短期的成功。

然而，这种过度的算计往往适得其反，不仅削弱了团队的凝聚力，还容易导致管理者陷入孤立的困境。事实上，算计越多，成就反而越少。优秀的管理者懂得，在管理中，诚实、透明和信任比精明的算计更重要，算计越少，成就越大。

NBA 某篮球队，队内的头号球星能力很强，球队希望这名球星可以长期留队，带领球队冲击总冠军。

一天，在一场非常重要的比赛中，突然传来一个消息——头号球星的父亲病重，随时有生命危险。当时，这名球星正在场上打球，球队的总经理最先得知这个消息。

总经理认为，如果把坏消息告诉这名球星，这名球星一定会放弃比赛，总经理不想输掉眼前的比赛，于是命令手下人先不要把坏消息告诉这名球星，打完比赛再说。

那场比赛，这名球星表现很好，帮助球队赢得了比赛。但是，下场之后，他才知道，就在他打比赛的时候，父亲已经去世了，而自己之所以没能和父亲见上最后一面，是因为教练为了赢得比赛耍了个心眼，隐瞒了消息。

这名球星因此极度愤怒，他和球队的关系破裂了，这支球队也因此失去了争夺冠军的可能性。

管理是存在阴暗面的，一般表现为偷奸耍滑、稀里糊涂和歪门邪道等行为。这些行为虽然可能在短期内带来利益，但从长远来看，必将损害企业的声誉，失去员工的信任。要想企业获得长足发展，管理者应该做到以下几点。

第一，不算计功劳，只求共赢。

优秀的管理者不会贪恋个人功劳，而是懂得将功劳归于团队成员。他们深知，团队目标的达成是成员共同努力的结果，因此会真诚地赞扬和肯定每个人的贡献，激发团队成员的积极性和工作热情。

在会议或公开场合，多分享团队成员的贡献和成果，让他们感受到自己的价值，知道自己得到了领导的认可。同时，建立奖励机制，及时表彰在工作中表现突出的团队成员。

第二，不计个人得失，团结合作。

团队的成功离不开每个成员的共同努力。精明的管理者不会只关注个人的能力和表现，而是注重团队的整体协作。他们会建立良好的团队氛围，鼓励团队成员相互帮助，共同进步；组织团队活动，增进团队成员的了解和感情；建立团队合作机制，鼓励成员相互学习，共同成长；创造公平、公正的竞争环境，让成员都有机会展示才能。

第三，不计一时成败，目光长远。

成功的团队需要着眼未来，制订长远的规划和目标。深谋远虑的管理者不会只关注眼前的利益，而是会着眼长远，为团队的发展制订科学的规划。他们会带领团队不断创新，提升核心竞争力，确保团队在未来取得持续成功。

通过这些具体的策略，管理者可以避免陷入过度算计的陷阱，真正提升团队的整体效能。

管理是一门艺术，而不是一场权术游戏。只有那些懂得以诚相待、注重合作、关注长远目标的管理者，才能带领团队取得巨大的成就。

快速搞垮团队的四大昏着

大会小会，没完没了

早会、汇报会、进度会、总结会、推进会、复盘会，把开会当目的。

各种报表无穷无尽

统计表、履历表、进度表、复盘报告、问题报告、项目总结，人人要填表，时刻在填表。

"大饼""小饼"随手画

承诺太多，兑现太少。承诺的时候大方，兑现的时候小气。

强制团建成负担

搞团建非要"上价值"，谁不去就是没有团队精神，团建一点儿不放松，员工一点儿不轻松。

萧规曹随，亦步亦趋

管理者一成不变，团队就会停止不前。

市场风起云涌，竞争瞬息万变。

昨天的金科玉律，今天就可能变成致败之计。

管理者要随势而动，随时而动，方能立于不败之地。

在管理中，变通是一种至关重要的策略和能力。一个不懂变通的管理者，就好像一个在高速公路上不懂变道的司机，一旦遭遇情况变化，就会把团队带到万劫不复的境地中。

所谓的管理变通，是指面对问题、挑战或不确定性时，管理者能够迅速调整原有计划、方法或思维，以更加灵活、有效的方式达成目标。它强调的是管理者对环境的敏锐感知、对资源的灵活配置，以及对策略的即时优化。

在某个偏远的山区里面，住着几户勤勤恳恳的农民。他们家家都养猪，而且都是黑毛猪。

忽然一天，一个农民家中的老母猪生了一窝毛色纯白的小猪，惹得大家争相观看，并纷纷议论说，这一定是一种特异的猪品种。

这时，有人走过来给这个农民出主意说："不如把这群小白猪拉到城区市场上去，肯定能卖个大价钱，物以稀为贵，错过这个机会，你后悔都来不及了。"

这个农民听了很是心动。于是，他把白毛小猪装上车，向城区进发了。

经过3个多月的艰苦跋涉，农民终于走到城区。这时，他的小猪也基本上都长大了。农民兴奋地想：这回不知道要发多大一笔财呢！

这天，当农民把白毛猪运到市场的时候，他简直吓呆了。原来城区市场上卖的猪都是白色的，白毛猪在这里不足为奇不说，价钱还不如黑毛猪。

眼看猪卖不出去，空欢喜了一场，农民心中十分懊悔："当初，我要是在当地卖了的话，也比现在这样强啊！"

胡思乱想一阵以后，农民灵机一动：这里白毛猪的价格不贵，山区没有白毛猪，我为什么不从这里贩几十头白毛猪回山区呢？

于是，农民从城区市场贩了几十头白毛猪回了山区，很快猪就卖出去了。接着，农民又贩了黑毛猪来城区市场，又赚取了一大笔钱。

在现代社会激烈的竞争中，能够跻身强者行列的，多数不是固执己见、碰了南墙不回头的人。一个好的决策者，应是一个思路灵活、知其不可赶快转向的人。

如今的时代，市场瞬息万变，即便是大企业，如果不懂变通，也会瞬间倒下，遑论中小团队了。事实上，在竞争中，中小团队的优势就在于"船小好掉头"，如此说来，变通是中小团队管理者的核心竞争力，也是中小团队管理艺术中的精髓所在。相反，如果管理者固守成规，不思变通，往往会错失发展良机，甚至面临被淘汰的风险。

管理变通的核心在于灵活与创新。在日常管理中，我们会面对各种复杂多变的情况，此时要能够迅速做出判断，灵活调整管理策略和方法，以适应新的环境和应对新的挑战。这种灵活性不仅体现在对外部市场变化的敏锐洞察上，更体现在对内部组织结构和运营流程的持续优化上。管理者需要时刻保持一种开放的心态，勇于尝试新的管理理念和工具，以不断创新来推动组织的进步和发展。

管理者要知道，变通不能是"一拍大腿"想出来的临时主意，在做出任何变通决策之前，需要对组织的长期目标和核心价值观有清晰的认识和坚守。只有这样，才能确保所有的变通行为都是围绕组织的核心使命展开的，不会因为短期利益而损害公司的长期发展。

管理者变通的最大阻力，不是能力不足，而是下属的不理解和抗拒。

第一，不想变。

对于大多数员工来讲，按部就班、亦步亦趋是他们的舒适区，管理者要变通，就意味着他们要走出自己的舒适区。

第二，不会变。

在变通过程中，往往会涉及不同部门、不同团队之间的利益调整和资源整合，这也会进一步加剧人员的抗拒心理。所以，想要让自己的变通策略更好地落实下去，管理者要具备良好的沟通和协调能力。

只有克服种种不利因素，勇于变通，管理者才能在复杂多变的环境中游刃有余地应对各种挑战和机遇，带领组织不断迈向新的高度。因此，管理者应该将培养和提高管理变通能力作为职业生涯中的重要课题，不断进行研究和实践。

 管理课

管理员工的五大禁忌

过度控制： 限制团队的自主性和创造力。

缺乏信任： 不信任团队成员，导致士气低落。

忽视反馈： 不重视员工的意见和建议。

短视行为： 只关注短期目标，忽视长期发展。

单一思维： 缺乏创新，固守旧有的管理方法。

"你们不行，还得我上"

你要是什么都想干，那要员工干什么？

管理者最大的能力不是干预，而是收敛。

处处插手，处处是错。

想要激发团队的最大潜能，就停止侵占员工的发挥空间。

在企业管理中，许多领导者面对团队成员执行不力或出现失误时，常常会脱口而出一句话："你们不行，还得我上。"

这类管理者总是害怕员工犯错，每次都跟员工抢活干。他们总是感觉下属做事只有 70 分，自己做则有 100 分，所以为了得到 100 分，只能自己做。因此，在员工遇到问题的时候，他们就顶上去，直接替员工干活。

这样的保姆型管理者，表面上看，是对团队和下属负责，实际上，是缺乏边界感，分不清权责角色，越俎代庖，干了下属的事，却得不到好的结果。

土木堡之变是明朝历史上一次重大的军事失利。这次失利的原因，就是明朝的最高管理者越俎代庖，干了不该他干的事。

1449 年，瓦剌部落的首领因为受到侮辱非常生气，并发动了战争。皇帝在宦官的鼓动下，决定亲自带兵去打瓦剌。虽然他号称有五十万大军，但实际上人数远没有那么多。因为宦官的胡乱指挥，军队的行军路线改了很多次，这让士兵们非常累，士气也变得很低。再加上坏天气和缺粮，明军的处境变得很困难。

明军到了大同后，还没有和瓦剌军真正交战，就因为得到错误的情报和内部矛盾决定撤退。但在撤退的路上，明军在土木堡被瓦剌军追上并包围了。瓦剌军假装和平谈判，让明军放松警惕，然后却突然发起攻击。明军因为又累又饿，很快就败下阵来。皇帝被俘虏，很多大臣战死，损失非常惨重。

虽然明朝后来成功抵御了瓦剌的进攻，但土木堡之变还是让明朝从兴盛走向衰败。这个事件揭示了明朝内部的很多问题，影响了明朝的统治，还改变了明朝对蒙古的策略和军事布局。

真正优秀的管理者应当通过指挥和赋权，帮助团队成员提高能力，而不是一味地亲力亲为。

第一，赋权与信任，培养团队的自主能力。

好的管理者不是什么事都自己做，而是教会团队成员怎么做得更好，给他们权力，让他们承担责任。这样，团队成员才能边做边学，变得更强。相反，如果管理者对团队不信任，大包大揽，侵犯员工的边界，不仅自己受累，还会影响员工的积极性和主观能动性，费力不讨好。

很多管理者是从业务骨干的岗位上提拔而来的，这类管理者由于业务能力很强，所以经常看不上下属的能力，忍不住自己上手。实际上，这是一种对自身角色和定位的否定，会破坏团队的协作性。

这如同一个领兵的将军，打起仗来总是冲在前线，虽然看起来勇猛、威风，但实际上是在干自己不该干的活，下属会认为——指挥的功劳你要拿，临阵杀敌的功劳你也要抢，我们还能剩下什么？一旦团队成员有了如此想法，团队的战斗力会大打折扣。

第二，克服完美主义，让团队在实践中成长。

完美主义也是管理者的一块心病，因为不接纳自己的不完美，不接受下属的不完美，所以才会过度负责，什么事都操心。

这样的人，多半带有讨好型人格，因为他太在乎完美了，很在乎别人的评价。

没错，他总是想要得到领导的肯定，获得下属的好评。但是，绝对的完美是不存在的，一个人不可能面面俱到；一件事情也不可能做到绝对妥帖，任何伟大的事物，刚出现的时候，都是漏洞百出的，重要的是小步快跑、快速成长。

管理者千万不要像溺爱孩子的家长，总是说：你不会，我来做！这是培养不出优秀的员工的。同样，总是自己上手的管理者，也造就不了出色的团队。

 管理课

什么是真正的破产

现金流断了不叫破产，那只是暂时的困境；

还不起债也不叫破产，那只是财务的困难。

真正的破产是资不抵债，公司无法维系。

而奋斗精神的丧失，才是人生的真正破产。

暴发户心态：
不舍放权的 "低能管理"

把权力抓得越紧，对团队的掌控力就越低。
自古 "皇权" 不下乡，不舍权，就是暴发户。
不舍放权的管理，会让团队失去成长的机会。
放权，也是给团队施肥。
管理者学会放权，是事业蓬勃发展的开始。

　　授权是企业管理中的重要组成部分，是管理者要学习和掌握的一门艺术。但遗憾的是，很多管理者明明知道应该放权给下属，也授予了下属一部分权力，但是不能完全放心地把手中的权力交给下属。

　　于是，一个怪圈出现了：管理者虽然把权力交给了下属，下属们也摩拳擦掌，准备接过这个权力大干一场，但始料不及的是，权力上还拴了一根绳子，被稳稳地握在管理者的手中。

　　然而，一个人的能力总是有限的，即使领导可以日理万机，但要把所有的事都办好，那也是不可能的。如果硬要说有人可以做到这些，我们只能用一个词来形容——天方夜谭。所以，好的管理者不能把权力都集中在自己的手中，而是应该授予下属，自己以权统人。

> 战国时，魏国的国君魏文侯打算发兵征讨中山国。有人向他推荐一位叫乐羊的人，说他文武双全，一定能攻下中山。可是有人又说乐羊的儿子乐舒如今正在中山国做大官，怕乐羊不肯下手。后来，魏文侯了解到乐羊曾经拒绝过儿子奉中山国君之命发出的邀请，还劝儿子不要追随荒淫无道的中山国君，魏文侯于是决定重用乐羊，派他带兵去打中山国。乐羊带兵一直攻到中山国的都城，然后就按兵不动，只围不攻。
>
> 几个月过去了，乐羊还是没有发动进攻。魏国的大臣议论纷纷，可是魏文侯不听他们的，并不断地派人去慰劳乐羊。一个月后，乐羊发动攻势，终于攻下了中山国的都城。魏文侯亲自为乐羊接风洗尘，宴会之后，还给乐羊一只箱子，让他拿回家再打开。乐羊回家后打开箱子一看，里面全是他攻打中山国时大臣们指责他的奏章。

如果魏文侯听信了别人的话，沉不住气，中途对乐羊采取行动，那么不但自己托付的事他无法完成，双方的关系也无法维持下去。信人之术，其精要就在于此。

优秀的管理者，应该懂得如何将自己的权力合理地分配给团队成员，让每个人都能够在职责范围内充分发挥才能。这样不仅能够激发团队的创造力，还能够培养团队成员的责任感和独立性。不舍放权的管理者，往往出于对权力的病态迷恋，害怕失去控制，害怕地位受到威胁，因此紧紧抓住权力不放，结果往往适得其反。

当管理者过度集权时，团队成员往往会感到自己的意见和建议被忽视，积极性和创造力也会受到压抑。久而久之，团队内部就会出现裂痕，合作变得困难，工作效率也会大打折扣。

那么，管理者应该如何做，才能克服暴发户心态，实现高效管理呢？

第一，调整心态，正确看待放权。

管理者需要深刻认识到，放权不是权力的流失，而是一种智慧的体现，是团队成长和发展的必要条件。通过放权，管理者可以激发团队成员的积极性和创造力，使他们更好地发挥才能，从而给团队带来更多的价值。因此，管理者应该学会放下对权力的过度执着，以更加开放和包容的心态面对团队的管理和发展。

第二，信任团队成员，相信他们有能力完成任务。

管理者需要相信团队成员有能力完成分配的任务，并给予他们充分的自由和空间发挥自己的才能。这种信任不仅可以增强团队成员的自信心和归属感，还可以促进团队成员之间的协作，从而形成一个更加紧密和高效的团队。同时，管理者也需要通过不断沟通和交流，了解团队成员的需求和期望，以便更好地为他们提供支持和帮助。

第三，建立有效的沟通和反馈机制。

管理者需要及时了解团队成员的工作进展和遇到的困难，给予他们必要的支持和帮助。这种沟通和反馈机制不仅可以帮助管理者更好地了解团队的工作情况，还可以及时发现问题并采取措施，从而避免问题的进一步恶化，影响团队整体绩效。这种机制也可以促进团队成员之间的交流和合作，增强团队的凝聚力和向心力。

总之，高明的管理者都懂授权、会授权，这样才能让团队成员大展身手，决策更高效，团队更团结！

 管理课

合理放权"四步走"

信任为基：放权前建立信任，相信下属有能力完成任务。

明确界限：清晰界定权责范围，避免模糊地带导致混乱。

逐步放手：初期可适当监督，逐步减少干预，让下属成长。

支持与反馈：放权不等于放任，提供必要的支持并及时反馈，助其成长。

真正的公平：
机会均等，按劳取酬

机会均等是台阶，能不能爬上去，全看你有没有真本事。

机会均等，但成果取决于你投入的努力，公平从来不是平均分配。

机会人人有，但成果只属于那些真正拼命的人。

别只盯着机会，公平是你有能力接得住，没能力就只能错过。

按劳取酬是硬道理，公平只眷顾那些不懈努力的人。

一谈到"公平"二字，立马会有人想起过去吃大锅饭的"公平"时代，很多管理者也将"公平"与"平均主义"混为一谈，认为公司有什么好处就该全体员工一起得到。这种做法慷慨大方，但不够理智和科学。

试想，如果在一个公司里工作，干多干少一样，干好干坏一样，大家都能得到奖赏，那么实际上就等于谁都没有得到奖赏。这样一来，无疑会严重挫伤那些真正优秀的员工创造财富的积极性。

可见，公平作为一种激励员工的手段，其积极作用虽然是不言自明的，但是绝对不能搞平均主义，不能让员工干好干坏都一样。企业对员工各方面的待遇是不能均等的，而是要遵循"各尽所能，按劳取酬"的原则。

印度的信息系统科技公司是当地最有价值的五大公司之一，领导公司的负责人墨西是印度最受尊敬的企业领导人之一。

在招聘环节上，墨西就制定了公正的原则。应聘时，统一公开考试过程，因此不会引起争执；公司也尽量为每件事情都设定可测量的标准，对于员工的表现，以及他们能够了解的程序和标准，都公开进行评估。他们动态地根据员工的才能、责任、贡献、工作态度等方面的表现，公正地给予相应的利益回报。

除了这些外，领导人在做决定时也一样遵循公平的原则。墨西表示，每一个决定一定都会对某些员工不利，但是做出决定的标准其实很简单：如果一个决定对98%的员工有好处，就是一个好的决定，只要领导人确保剩下的2%的员工，有机会在其他决定中获得有利的对待，那就做到了公平。

正是因为这些公正原则，员工们都愿意跟着墨西，该公司因此留住了很多人才。

吃过了公平的"甜头"，墨西表示，许多人问过他希望以后的人会如何看他，他说："我希望将来别人会记得，我是一个公平的人。"

墨西的公正原则，无疑是一种明智的管理策略。在一个团队或组织中，如果某些成员因为非能力因素被剥夺了展示自我的机会，那么整个团队的创新力和活力将会大打折扣。

不公正的待遇，不论是过高还是过低，都会打击员工的积极性，降低管理者的信誉。

因此，管理者必须学习墨西的公正原则，区别员工的工作表现，给予员工不同的评价和待遇，还可以要求员工互相注意各自的表现，判断各自获得的评价是否公正。

要实现真正的公平，管理者需要在多个方面做出努力，确保团队内部的公正性和平等性。以下是几个关键措施。

第一，建立公正的评价体系。

这个体系应该具备客观性和准确性，能够真实、全面地衡量每个人的贡献，不因个人主观因素或偏见而有所偏差。评价体系的公正性，是实现按劳取酬、激励员工努力工作的基础。为了实现这一点，管理者需要制定明确的评价标准，确保评价过程透明、公开，让员工清楚了解自己的工作表现如何被衡量和评价。

第二，确保资源公平分配。

在团队或组织中，无论是培训机会、晋升渠道还是薪酬福利，都应该按照每个人的能力和实际贡献公平分配。管理者需要避免马太效应的出现，即资源过度集中在某些人或某些部门，导致其他人或部门被忽视或边缘化。公平地配置资源，可以激发员工的积极性和创造力，促进团队协调、有序发展。

第三，鼓励团队内部良性竞争。

竞争是激发员工潜能、推动员工进步的有效手段，但它必须是公平的。管理者需要营造一个公平竞争的环境，确保每个人都有机会展示自己的才华和能力。这包括提供平等的竞争机会、制定公正的竞赛规则，以及确保评判过程的公正性。通过这样的良性竞争，管理者可以激发员工的创新精神和进取心，推动团队不断向前发展。

第四，及时给予反馈和认可。

当一个人做出贡献时，他应该及时得到正面的反馈和认可。这不仅是对他个人努力的肯定和激励，也是对整个团队的正面示范。

管理者需要关注员工的工作表现，及时给予他们积极的反馈和建设性的意见。对于表现优秀和做出突出贡献的员工，管理者要给予适当的奖励和表彰，以激励其他员工积极向榜样学习，努力提升自己的工作表现。

总之，打造一个机会均等、按劳取酬的公平环境，能大大激发员工的积极性和工作热情。在这样的环境中，员工不仅会更加努力地工作，也会因为看到公平的回报，对企业产生更强的归属感和忠诚度，从而推动企业长期、稳定发展。

管理课

要想管理做得好，规矩必须立起来

简明扼要：规矩要简洁明了，易于理解和执行。

合理公正：规矩需公平合理，符合大多数人的利益。

一致执行：规矩一旦制定，必须一致执行，不可因人而异。

适时更新：随环境变化适时调整规矩，保持其适应性。

宣传教育：规矩需广而告之，确保人人知晓，形成共识。

第 三 章

心理赋能：

把自己的思想
装进团队的脑袋

世界上最难的事，就是把自己的思想装进别人的脑袋。这件事是每个管理者都需要做的。管理之所以难，就难在这里了。

实事求是地讲，管理者的目标，从来不是控制人，而是塑造团队文化，改变团队成员固有的行为模式。所以，想要把自己的思想装进别人的脑袋，首先要用文化武装自己的团队。

强大的团队不是管出来的，而是领导出来的

不会优化团队，最后的结局，就是被市场优化。

慈不掌兵！

身处上位，要懂得筛选，而不是教育。

身为管理者，不仅要具有菩萨心肠，还必须具有雷霆手段。

在一个组织中，将帅就是舵手，他所要做的就是指导团队朝着正确的方向前进，在关键时刻用自己的领导力化险为夷，从而形成一个有动力、有愿景、有纪律、有能力的高效能队伍。

现在，很多企业的领导每天也在忙着带团队，但他们不是把团队带往成功，而是正在带向失败。

英格兰足球队是世界强队，纵横足坛几十年鲜有对手。进入21世纪，因为英超联赛的繁荣，英格兰人都认为英格兰队很快便能第二次获得世界杯冠军。于是，在2006年的德国世界杯上，英

格兰球迷自信地认为球队有很大的夺冠概率，并且宣称这支英格兰队是史上最强的。的确，看看他们的阵容，从后卫到前锋，每个位置都有世界顶级的巨星压阵。

但现实与理想总是差别很大，英格兰队从小组第一场比赛开始就步履艰难，每一场都赢得很艰辛，丝毫没有展现出强队的风采，终于在四强争夺战中，点球败给葡萄牙队，遗憾出局。后来，英国媒体开始评论为什么看似强大无比的英格兰队会以如此糟糕的表现出局呢？最终人们发现，防守做得很好，前锋也不错，但中场不给力。

不是说中场的人员配置不给力，而是人员的搭配出了错误。左前卫乔科尔和右前卫贝克汉姆没有问题，但前腰兰帕德和后腰杰拉德以及哈格里夫斯的搭配出了问题。兰帕德在切尔西俱乐部踢前腰，杰拉德在利物浦俱乐部中也踢前腰，两个人风格相同，都想进攻，不顾防守，留下哈格里夫斯一个人防守。哈格里夫斯经常一个人面对对方三名球员的围抢，丢球是必然的，这就让后防线时刻面临巨大的压力。因此，后院频频起火，前锋鲜有机会得到球。

兰帕德和杰拉德在各自的俱乐部中都是"头牌"，进攻能力超强，主教练不敢将任何一个人从主力位置上摘除，也想依赖两人的进攻能力绞杀对手。不承想，偷鸡不成蚀把米，"两德"相加并没有得到预期的效果，反而相互抵消了战斗力，成了1+1<2的局面，不仅个人没有表现，英格兰队也表现糟糕，成了当时的足坛笑柄。

英格兰队就是一个团队，队员单个能力超强，但缺乏凝聚力，就由老虎变成病猫。对于一个企业团队而言，必须形成 1+1>2 的结果，否则就难以称得上一个真正的团队，而只能算是一个松散的工作群体。

所有管理者都希望自己团队成员的力量正向叠加，发挥出"1+1>2"甚至">3"的效果，而不是相互抵消递减。拥有这种美好的愿望没有错，但管理者应该先弄清这样一个问题——我真的会管理团队吗？

不会领导人，永远只是暴发户。暴发户即使拥有再多的人才，也无法带出高效率的团队。真正的领导者，不仅具备卓越的战略眼光和决策能力，更懂得如何激发团队成员的潜能，营造积极向上的组织文化，让成员都能在共同的目标下发光发热。这样的领导者，其成功绝非偶然，而是长期学习、实践、反思与成长的结果。我们可以从以下三个方面，提高管理者的个人领导力。

第一，制定明确的工作标准。

工作标准是团队成员的行为指南和考核依据。缺乏工作标准，往往导致大家的努力方向与整体发展方向不一致，浪费大量的人力和物力资源。因为缺乏参照物，时间久了，大家容易产生自满情绪，导致工作懈怠。制定工作标准时，尽量做到数据化，要与考核联系起来，注意可操作性，否则团队只会越来越松散。

有个小和尚，当一天和尚撞一天钟，结果某天被突然开除了。住持给的理由是，他撞钟虽然很准时，也很响亮，但钟声空泛、疲软，没有感召力。住持和很多领导者一样，犯了一个常识性的管理错误：做一天和尚撞一天钟，是他没有提前给出工作标准造成的。如果小和尚进入寺院的当天就明白撞钟的标准和重要性，他也不会因怠工而被开除。很多时候，我们不是招不到人才，而是在含混不清的工作标准下，能力再强的人才也有劲没处使，导致团队效率低下。

第二，制度是效率的催化剂。

管理的真谛在"理"，不在"管"。游戏规则要兼顾整体利益和个人利益，并且让个人利益与整体利益统一起来。无规矩不成方圆。身为领导者，如果你每天都在为细枝末节的小事浪费精力，那么，不用竞争对手动手，你就会拖垮自己。

管理者的主要职责是建立一个合理的游戏规则，让员工按照游戏规则进行自我管理。

责任、权力和利益是管理平台的三根支柱，缺一不可。缺乏责任，就会产生腐败，进而衰退；缺乏权力，制度就会变成废纸；缺乏利益，员工的积极性就会降低，消极怠工。只有管理者搭建好责、权、利的平台，手下才能"八仙过海，各显其能"。

第三，你是什么样，你的团队就是什么样。

正人先正己，做事先做人。管理者要想管好下属，必须以身作则。示范的力量是惊人的。管理者不但要勇于替下属承担责任，而且要事事为先，严格要求自己，做到"己所不欲，勿施于人"。

春秋时期的狱官李离，为下属承担错误时说的一番话很好。他讲："我平常没有跟下面的人说我们一起来当这个官，拿的俸禄也没有与下面的人一起分享。现在犯了错误，如果将责任推到下面的办事人员身上，我又怎么做得出来？"

通过表率，管理者可以在员工中树立一定的威望，上下同心，大大提高团队的整体战斗力，让团队发挥出"1+1 > 2"的效果。

得人心者得天下，做下属敬佩的领导，将会让管理事半功倍。

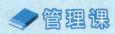 管理课

"精髓五言"，教你如何管理团队

目标明确心不慌，计划周详路不茫。

执行有力事必成，检查细致错难藏。

责任清晰人尽责，奖惩分明心不慌。

团队和谐力量大，沟通顺畅效率高。

持续改进创新路，管理精髓在心上。

会管理的潜台词，就是 "会分钱"

天下熙熙，皆为利来；天下攘攘，皆为利往。

还在自欺欺人的管理者应该醒醒，你那些收揽人心的招数毫无用处。

舍不得向团队分利，你凭什么指望别人替你卖命？

管理的底层逻辑，就是做好利益分配。

为什么一些初创企业在发展时期风风火火，公司从上到下齐心协力，干劲十足，可一旦公司业绩开始向好，经营状态会瞬间一落千丈，业务骨干纷纷出走？那就是管理层没有做好利益分配。

无利不起早，这是凡人普遍存在的心态。大家朝九晚五，辛辛苦苦地打拼，为的就是一个 "利" 字。一个管理者如果会分钱，就能解决80%的管理难题。

恰当的物质奖励，不但能更好地管理下属，也能激发员工的上进心和积极性。优厚的福利待遇，既能招揽人才，又能留住人才，还能激发人才的积极性。这样的效果，值得管理者用心体会给予员工一定利益的强大作用，让员工看到前途，企业自然能有光明的未来。

项羽和刘邦是一对宿敌。两个人为了争霸，进行了长达四年的楚汉之争，最终以项羽的江边自刎而结束。有人说项羽的失败是一个偶然，如果他能够做好军事谋略，也许就不会有这样的下场。不过，还有一部分人猜测，实际上是项羽的管理方式出了问题。

陈平原是项羽手下的一名谋士，主要负责替项羽出谋划策。他跟随项羽的时间较长，对他的为人也十分了解。然而，就是因为他太了解项羽的性格，他意识到这个表面看起来爽朗的人，实际上并不是像他看起来那么大方。

项羽是一个很感性的人，跟他魁梧的形象并不相符。他看到士兵生病了会哭，眼泪流得又快又多，让人觉得将军很善良，能够对手下做到感同身受。

可时间一久，项羽的表现却让大家越来越失望。最重要的一点就是，他在物质奖励上十分吝啬。按照当时的规矩，士兵打了胜仗，属于死里逃生，理应好好嘉奖一番。除了升军衔外，也要给予相应的物质奖励。

但是项羽在这方面却特别吝啬，这两方面他都做不到，既不授衔，也不加薪。如此一来，将士们都非常反感。他看到士兵流血受伤还是会哭，但是却很少有人会被他的行为感动。他的名声也从柔情善良变成了薄情寡义。

陈平离开项羽，转投到刘邦麾下。在那里，他感受到了不一样的领导风格。刘邦赏罚分明，毫不吝啬，整个团队讲究抱团，战斗力自然强上许多。项羽率领的部队对将军的期待变得很低，战斗力急速下降，乌江自刎，成为一代豪杰项羽的最终选择。

钱分不好，企业就会倒。在企业管理中，许多人认为管理的核心在于制定规章制度、合理分配任务和监督执行。然而，真正高效的管理不仅仅停留在这些表面工作上，会更深入地思考如何通过利益分配激励团队成员，激发他们的工作热情和创造力。

管理的潜台词其实就是"会分钱"，即通过合理分配利益，让团队成员感受到公平、激励与归属感，从而全力以赴，达成公司目标。但实际上，要把钱分得没有"后遗症"，并起到积极效果，不是易事。

什么样的物质奖励才能让大家全心全意为企业呢？如果管理者坚持认为谈钱比较俗，那么员工可能会做出更"俗气"的选择——辞职。

关于"分钱"，企业可以这么做。

第一，制定明确的标准。

给员工分钱，首先要建立明确的、公正的标准，就是分钱的依据，这是源头、出发点，是最重要的。

分钱的核心依据是员工的价值贡献——基于员工所做的事情，及其产生的价值。这里的底层逻辑需要特别注意：分钱是基于事，而不是基于人。

价值观、能力通常是相对稳定的，我们不能根据这些稳定的因素，一直给价值观好、能力强的员工分更多的钱。

一旦你将分钱的标准固化到相对不可变的因素上，则无法驱动员工去关注、影响可变的因素，即事情本身。

用一把尺子，即事的维度，作为分钱的重要依据，才能彰显公平。

第二，意外惊喜有时候能有奇效。

有的公司选择轮流获得奖励的方式抚慰员工，本意是让大家都看到希望，不会产生怨言。但这种平均分配的方式，失去了设立奖项的意义，因为它不会产生激励效果，反而会挫伤大部分人的积极性。

李建最近非常想离职，原因很简单，他觉得公司的奖项设置有问题。刚来这家私企的时候，李建虽然是一个新人，但是非常敬业和努力。他每天早出晚归，认真、积极参加各种活动，工作上勤勤恳恳。因为他想多赚点钱，不管是工资晋级还是奖金奖励，这是他拼命的动力。

就在李建处于这种左右为难的时刻，部门领导让他到办公室去一趟。李建正忐忑不安时，面前出现了一个大红包，那是领导递给他的。领导说："快拿着，这是我特意给你准备的。公司这种奖励方式我也不赞同，就应该谁表现好谁拿奖，怎么能论资排辈轮番来呢？但是这种制度上的事情，意见归意见，真的要改变会非常麻烦，只能先委屈你了。不过，这个红包你该拿着，因为你的表现我心里有数。"李建拿着红包，终于感到自己的努力得到了认可，也打消了想要离职的念头。

所以，管理者要想带好团队，一定要学会选择不一样的奖励方式，如在关键时刻，送给员工一个意外惊喜。这种惊喜通常是在暗地里进行的，不会引起团队其他成员的不满，却会对受奖员工产生莫大的激励作用。

第三，用团队评审确保分钱的合理性。

管理者应该建立一个核心团队，在给团队成员分钱时，召集核心团队成员进行讨论、评审，以确保钱分得更加合理。

这样做的原因是管理者的评价往往是从一个角度出发，相对片面。如果让大家从各个角度看一看、评一评，就能够较好地实现评价的客观性、全面性，因为每个人对员工的了解程度有所不同，所谓"兼听则明"。

但要注意的是，如何给这个核心团队成员分钱不在讨论范围之内，他们不能自己评自己。

分钱不易，只有掌握分钱的方法，把握好火候，管理者才能用有限的资源，发挥出最佳的激励作用。

管理课

奖赏员工的八大基本法则

利益分好，员工不跑。

钱要到位，真心免费。

让他有面，工作不催。

封官晋爵，招揽心腹。

问候家人，员工动情。

下馆吃饭，感情深厚。

表扬及时，能胜千金。

小错不纠，死心塌地。

用外部竞争激发团队内部活性

没有竞争，团队也就没有了活性。

他山之石，可以攻玉，外界竞争是挑战，更是强心剂。

团队成长要分三步走：迎接挑战、利用挑战、战胜挑战。

陆地上跑得最快的动物是猎豹，但被猎豹追逐的叉角羚羊，能爆发出更快的速度。

外部竞争的胜利，才能获得更多的"蛋糕"，让团队更有活力。

有稳步前进的空间，有稳定发展的状态，是许多管理者梦寐以求的。但是，如果没有稳固的"护城河"，没有独一无二的经营方式或者技术能力，一旦平稳的状态被打破，团队就会陷入危机。这如同逆水行舟一般，不进则退。

团队内部稳定来之不易，以破坏内部稳定为代价来逼迫团队迸发出新的活力，这样的行为就相当于让管理者坐上赌桌，赢了的话收益颇丰，输了的话眼前的大好局面就会被葬送。然而，利用外部竞争就没有这样的顾虑。外部竞争本就不可能消失，即便微软、苹果公司这样的头部企业，也要面临来自各方面的竞争。既然不能消灭外部竞争，不如利用外部竞争来激发团队内部的活性。

亚马逊是当今世界上最大的购物网站之一。在亚马逊的发展历程中，其创始人杰夫·贝索斯就经常使用外部竞争激发团队内部的活性。从某些角度来看，这些行为颇有资敌的意味。

在亚马逊最初成立的时候，它上面只有图书和其他几类产品。于是，贝索斯收购了一家名叫 Alexa 的公司。这家公司的网站会为客户推荐购物网站，虽然主要推荐的是亚马逊，但在亚马逊缺少产品的时候，也会推荐其他网站。

每当 Alexa 为客户推荐其他网站的时候，亚马逊的员工就会知道自己又少赚了一笔钱。于是，亚马逊的员工拼命工作，以减少 Alexa 将客户推荐到其他网站的次数。

2000 年左右，贝索斯为了让亚马逊盈利，无奈地选择了他之前非常排斥的赚钱方式。他为玩具公司、电器公司做网站，帮助它们销售产品。这种做法无疑大大刺激了亚马逊团队，如果他们有相应的销售领域，亚马逊就必须通过帮他人赚钱来获得收入。

因此，亚马逊团队上下一起努力，于 2002 年就在加拿大成立了新公司。随后，亚马逊又开设了办公用品、软件 CD、玩具礼品、家电数码等专区，完成了从网络书店到百货中心的蜕变。

管理者应该正确看待外部竞争。外部竞争带来的不仅有压力，还有动力。只要进行转化，它就能够实现激发内部活性的效果。在转化的过程中，管理者要让员工明确以下几点。

第一，内部竞争的收益远远不如外部竞争。

竞争，无非为了获得更多的利益。团队之所以缺少活性，就是因为缺少利益的刺激。内部竞争是分"蛋糕"的过程，不管竞争得多么激烈，归根结底，一块"蛋糕"也不能让一个人全部吞下。团队中，谁也离不开谁，总要有其他人的一份。

外部竞争就不一样了。在激烈的外部竞争中，胜利的时候，人们就能获得更多的"蛋糕"。到时候，每个人能分到的一份会变大，远胜于内部竞争带来的收益。

管理者要从利益的方面让团队中的每个人都知道，外部竞争能够带来的收益远胜于内部竞争，在利益的刺激下，团队内部总会泛起涟漪，重新焕发活力。

第二，团队稳定后，发展方向可以来自外部。

我们要求打造团结的团队，在共同愿景的刺激下，团队内部成员的思想会不可抑制地趋向统一。这种趋势发展的时间越长，团队就会越缺少创造力。没有了新点子、新创意、新方向，团队活力日渐减少就是正常的了。

外部竞争则不然，每个团队都有独特的气质，也就有了不同的方向。或许我们想不到的东西，就是他人既定的发展方向。通过外部竞争，我们能够更多地了解其他团队的长处，看到更多的东西，找到新的发展方向。有了新的方向和目标，不愁团队活跃不起来。

第三，有了共同目标才能更加团结。

人要有目标才能迸发出更大的力量。一个团队缺少活力，不代表这个团队是安分的。毕竟有人的地方就有竞争，不将力气花在外部，那只能将力气花在内部。很多团队看似一团和气，实则暗流涌动，终日搞小团体、办公室政治，活力都用在内耗上，工作上自然缺少活力。

把外部竞争当作共同目标就不一样了，有利益作为动力，有团队作为后援，相信员工会更喜欢外部竞争，而不是无意义的内耗。当整个团队拥有团结起来一致对外的认知时，员工的活力自然会被撬动，并朝着正确的方向努力。

引入外部竞争来激发团队内部的活性，提高员工的创新力，是一种有效的管理策略。它不仅可以提高团队成员的积极性和创造力，还可以促进团队成员的协作和交流。这种策略还可以对企业和团队的发展产生长远的影响，推动企业不断创新。

因此，企业应该积极探索和运用引入外部竞争的策略来激发团队内部的活性。

管理课

企业管理面临的六大挑战

变革管理： 引导组织适应外部环境的变化。

跨文化管理： 管理多元化的团队，尊重不同文化。

技术管理： 利用技术提高管理效率。

知识管理： 有效管理和分享组织的知识资源。

危机管理： 应对突发事件，保护组织的利益。

可持续发展： 确保组织的长期发展，积极承担社会责任。

"画饼"要有水平，并且能够落地执行

不敢"画饼"的管理者，不仅缺乏魄力，必然也缺乏威信。

"画饼"不是吹牛，而是对未来的洞见，是个人能力的体现。

有些话你连说都不敢说，下属又怎么相信公司会变好？

画的"饼"能成真，"饼"就成了企业文化，能最大限度地激发团队干劲。

前段时间，网上流行了这样一个段子：一名员工在离职申请上的离职原因写的是"领导画的"饼"太大，不好消化"。

"画饼"作为网络语，意思是指一方给另一方描绘的美好前景或者未来。在现代社会，"画饼"大多被定义为贬义词，是管理者把一套对自己有利的价值观传递给员工，然后员工慢慢被这套价值观驱动，主动自发地为公司创造价值。

但"画饼"不一定都是坏事，饼画得好，员工的工作干得好！有时候，"好吃的饼"能让员工更快速地成长和进步。很多商业奇才都是"画饼"高手，他们善于"画大饼"和讲故事，从而引领公司走上飞速发展的轨迹。他们的成功故事不仅成为商业领域的传奇，更成为无数领导学习和借鉴的典范。

马云善于描绘未来愿景，无论是在团队内部还是对外界，他总能以极具感染力的方式将一个看似遥远的目标变得具体而生动。比如，在阿里巴巴初创时，互联网在中国尚未普及，但马云却坚定地向员工和投资者描绘了一幅全球电子商务的蓝图。他说："未来，每个人都可以通过互联网买到全球的商品。"这种愿景虽然在当时令人难以置信，但马云通过一系列演讲和策略，让员工对未来充满信心，也吸引了投资者的关注。2000年互联网泡沫破灭时，阿里巴巴面临生存危机，马云并未被动摇，他继续鼓舞团队，坚持全球化电子商务的方向。最终，阿里巴巴不仅存活下来，还奠定了未来腾飞的基础。马云的"画饼"不是空谈，而是推动公司持续前行的动力。他用这种方式打造了一个全球商业巨头，成为创业者纷纷效仿的榜样。

从上面的案例我们可以看到，"画饼"是领导的必备技能。一个好的领导，必定是一个"画饼"高手。企业管理者要学会适当"画饼"激励下属，切忌轻易、胡乱"画饼"。

"画饼"要看对象，对象不同，策略自然随之调整。面对"70后"下属，你给他们描绘一个美好的愿景，比如努力工作就能开上豪车，他们往往会毫不犹豫地朝着这个目标奋进。这是因为他们更看重实际的结果和未来的可能性，愿意为了长远目标付出努力。

然而，对于"80后"或"90后"的人来说，"画饼"的吸引力就大打折扣了。他们不再仅仅满足于对未来的憧憬，而是更需要即时的反馈和体验。就像吃饼一样，他们得先尝一口，看看这个饼是不是符合他们的口味，是不是他们真正想要的。只有当他们感受到了饼的美味，才会愿意朝着得到整块饼的方向努力。

这好比向"70后"的人讲，你要如何努力工作，才会得到跟某人一样有开豪车的机会，他们大多会朝着这个方向努力。但是如果你对"80后"这么讲，他们可能会先问："我能先试驾一下吗？我想看看开豪车到底是什么感觉……"只有当他们觉得这种感觉真的很棒之后，才会考虑为之付出努力。

该画怎么样的"饼"，怎么恰到好处地画，也是一门很深的学问。想要把"饼"画好，管理者必须遵循以下原则。

第一，"画饼"要基于现实，切实可行。

领导者在设定目标时，应充分考虑公司当前的资源和能力，确保所描绘的愿景是可实现的，目标是员工跳一跳能够够到的。同时，要充分了解员工的需求层次和能力层次，做到对人"画饼"、量体裁衣、对症下药。

第二，分解目标，制订可执行的计划。

管理者要把宏伟的愿景分解成多个阶段性的小目标，并为每个小目标制订具体的行动计划和执行步骤。如果你的"饼"一下子画得太大，是会把员工吓跑的。

目标拆解，能量化的量化，不能量化的细化，不能细化的流程化。

所谓细化，就是明确关键任务、岗位关键职责和关键节点；所谓流程化，就是确定关键业务环节，明确关键过程要求。

第三，定期跟踪进展，及时调整策略。

管理者要定期检查目标的实现情况，及时发现问题并进行调整，确保团队始终朝着正确的方向前进。可以每月召开进展汇报会，听取各部门员工的工作表现，并根据实际情况调整策略，优化资源分配。

如某互联网公司首席执行官会在每月的全员大会上详细分析公司各项目的进展，并根据市场反馈和团队建议，调整产品开发优先级，确保每个目标都能按时实现。

不管是大领导还是小领导，在管理上都要会运用"画饼"这一招式。大领导画"大饼"，小领导画"小饼"，领导职位越高，画的"饼"越大。但"画饼"并非空洞的承诺，而是要将"饼"转化为实实在在的行动方案，使团队不仅对未来充满信心，更在实际操作中感受到方案的可行性和目标的可达成性。

管理的艺术在于将梦想变为现实。这需要的不仅仅是愿景，更是脚踏实地的执行力。

 管理课

管理就是做好三件事：
"画圈""画饼""画叉"

"画圈"：确定边界、制定规则、评定标准；

"画饼"：明确需求、展示愿景、实施激励；

"画叉"：做出判断、寻找原因、提出建议。

领导是主心骨，而不是"传声筒"

只传话，不说话；有意见，没主见。

这样的领导，就是下属眼中的酒囊饭袋。

你是团队的顶梁柱，不是上司的应声虫，也不是公司的傀儡。

不想让下属瞧不起你，想让高层瞧得见你，就要做到有担当！

管理工作中，管理者很容易犯的一个错误就是将自己当作"传声筒"。高层领导刚做出一个决定，他便对下属发号施令，自己没有任何思考和领会。这样的管理者会被下属看不起，下属"造反"，不听从他的指挥，也是必然的事情。

虽然上传下达是管理者的一项职能，但是管理者绝不是简单的"传声筒"。

当收到老板布置的一项任务或指令时，管理者最容易做的事情就是将这个任务或要求一字不漏地传达给下属。当所布置的任务或指令不能按时、按要求完成时，管理者就开始责备下属，或将责任推给下属。这样的做法固然会让自己肩上的担子轻一些，但久而久之，必将导致管理者与下属之间的矛盾和冲突越来越大，越来越严重，最终一发不可收拾。

　　林雷是一家食品公司的业务主管，手下有十多个员工。林雷工作努力，对下属很亲和，总是不时地给下属一些关怀和照顾。按理说，这样的主管应该很受大家喜欢。但事实并非如此，很多下属在背地里埋怨他。这是为什么呢？

　　原来，林雷有一个很大的缺点：他对自己的直属领导言听计从，领导安排什么，他就马上对下属照本宣科。如果下属提出异议，他就马上说："王总说了，就照这样执行。你照吩咐做了，出了差错领导不会怪你，你如果不这样做，出了问题你得自己担着。"

　　下属一听，觉得他说得有道理，就开始认真执行。但时间一长，下属有了不明白的地方，也不再问他，而是越过他直接请示王总，因为大家知道跟他说了也没有用，他还得去请示王总。

　　最近一段时间，林雷还遇到了一件更加心烦的事情：他的几个下属竟然敢直接顶撞他，公然不听从他的指挥。他原来想将这几个"刺儿头"辞退，但碍于情面，一直没有这样做，没想到他们愈演愈烈，居然开始"造反"。不仅如此，在这几个"刺儿头"的煽动下，他被冠以"无能主管"的称号，并在公司渐渐传播开来，其他原本听话的下属也不拿他当回事了。林雷非常郁闷，不知道自己到底错在哪里。

其实，不仅下属讨厌"传声筒"，领导也不喜欢只会上传下达的机器人下属。有职场专家指出："你对上级领导越是唯唯诺诺、言听计从，领导就越是对你不敢撒手；相反的是，你对一件事情的处理越有主见，领导就越敢对你放权，让你独当一面，自己不再插手。因为高明的领导培养下属，永远是想让下属分担大量的事务和工作，而不是还要事必躬亲。"

作为团队带头人，在管理工作中，将自己当成"传声筒"，做低效的管理者，会上不受领导待见，下不招员工喜欢。接到上级布置的工作或指令，你不要急着向下属传达，要仔细考虑一下："我怎样才能更好地把这项任务传达下去，让员工更容易理解？"然后根据任务性质，结合部门实际情况，特别是下属的理解能力和工作水平，采取有效的、乐于被下属接受的传达方式布置任务。这样，下属会欣然接受任务，并高效执行。时间一长，下属就会觉得自己的部门领导是一个有主见、有想法的人，会自动将其当成主心骨，愿意听从他的调遣。

管理者要坚决杜绝成为"传话筒"，想方设法解决矛盾和难题，主动担当作为，变成一个有领悟力、执行力、沟通力、判断力的思考者和执行者。

想要成为团队的主心骨，我们可以从下面几个角度入手。

第一，不断积累以解决问题为导向的专业技能。

中层管理者要对本部门的核心业务技能有足够的储备和了解，虽然不用你完全掌握这些业务技能，但要了解它们背后的规则或原理，知道能解决什么问题，以及解决问题的结构逻辑。

只有精通业务的管理者，才能在管理过程中有的放矢，迅速理出头绪，找到解决问题的思路和方案。

第二，具有主人翁意识，换位思考，理解领导的真正意图。

对于老板或高层管理者，他所表达的更多的是一种思路或者关键指标，不会描述得很细致。

管理者要能站在老板的立场上思考问题，认真研究事情背后真正的意图，明白上级期待达成的结果，然后用心对待，尽一切努力获得最佳效果。

管理者不要满足于做"在其位，谋其事"的螺丝钉，而应主动钻研更多细节，提出更多见解，成为具有独立思考力和战略全局观的人。

第三，有效的开放式沟通，才能让下属欣然接受。

管理者从上而下的沟通常常包括战略决策、任务指派等，这些沟通大多是单向的，如果下属对目标不清晰，对情况不了解，很容易出现战略失焦和误解。

关于战略决策性信息，管理者要主动向下属解释说明。比如，说明制定整个决策的原因，如果不高效执行会带来什么后果，如果高效执行会遇到什么挑战……

总之，向下管理沟通时，你应该尽可能地让下属参与，强化团队成员的沟通和讨论，集思广益，鼓励每个人都提出自己的想法和点子，就发展目标达成共识。

 管理课

走好企业管理的"四条路"

领导要具有清晰思路，

企业才能有明确通路，

干部才能有广阔出路，

员工才能有安稳活路。

思路决定通路的选择，

通路决定出路的宽广，

出路决定活路的安稳。

信念管理，急需且急迫

强大的团队是有灵魂的，浑浑噩噩的团队不可能强大。

能让团队拥有精气神的管理者，才是合格的管理者。

信念就是文化，文化就是灵魂。

具备信念，团队才能干出业绩，创造奇迹。

企业领导感到最头疼的是什么呢？

是你跟下属讲什么他都不信，他对世界上的一切都持怀疑态度。面对这样一群没有信念的人，管理工作是无从下手的。

领导要管人，必须从树立下属的信念抓起。为员工树立信仰，说白了就是让员工确定一个明确的方向，树立一种企业文化观，以及形成不达目的不罢休的精神。这值得每个管理者学习。只有员工形成了核心信念，企业才有可能长青。

进行信念管理的过程，是将团队成员的个人信念与企业的核心价值观相结合的过程。因为在竞争激烈的市场环境中，缺乏信念的团队就像一艘失去航向的船，只能随波逐流，最终驶向失败。

很多员工有这样的通病：一出问题，大家首先想到的是推卸责任，而不是想办法解决问题。在团队工作中，如果每个成员都想着推卸责任，把错误归于别人或者客观因素上，那么，这个团队的执行力可想而知。

在某企业季度绩效考核会议上，营销部门经理说："最近企业的销售做得不太好，我们有一定的责任，但是主要责任不在我们，竞争对手纷纷推出新产品，比我们的产品好。所以，我们也很不好做，研发部门要认真总结。"

研发部门经理说："我们最近推出的新产品不少，但是我们也有困难呀。我们的预算太少了，就是少得可怜的预算，也被财务部门削减了。没有钱，怎么开发新产品呢？"

财务部门经理说："我是削减了你们的预算，但是你要知道，公司的成本一直在上升，我们当然没有多少钱投在研发部了。"

采购部门经理说："我们的采购成本是上升了10%，你们知道为什么吗？俄罗斯的一座生产铬的矿山爆炸了，导致不锈钢的价格上升。"

这时，三位经理一起说："哦，原来如此，这样说来，我们大家都没有多少责任了，哈哈哈哈……"

人力资源经理说："这样说来，我只能去考核俄罗斯的矿山了。"

这就是缺少信念管理和团队精神的体现。在一个团队里，如果缺少了这两样东西，它就会死气沉沉，没有丝毫凝聚力和执行力。

管人的根本不在知识，不在方法，而在信念。进行信念管理，对企业发展具有至关重要的作用。想要强化信念管理，打造企业文化，我们可以着重从以下几个方面入手。

第一，明确企业愿景，强化价值观传播。

无信念，不管理。领导者应当首先明确企业的愿景和核心价值观，并通过多种形式向员工传达这些理念，使之深入人心。

如在每年的全员大会上，公司首席执行官可以详细阐述公司的愿景和核心价值观，并通过企业内部刊物、网站和公告等渠道，定期宣传和强化这些理念。

或者实施专门的信念文化项目，帮助员工将企业的信念和价值观内化为个人的行为准则和工作动力，入脑更入心。

还可以设立信念文化工作坊或组织培训，让员工在参与讨论、案例分析和亲身实践中，深入理解并认同企业的信念。

第二，榜样示范，强化信念践行。

领导者应以身作则，来践行和传播企业信念，发挥榜样作用。在日常工作中，领导者应始终以企业的信念为指导，做出符合公司价值观的决策，并公开表扬那些在工作中有坚定信念的员工。

例如，某金融企业的高管在做出重大决策时，会公开指出如何做才能与公司的核心信念相符，并在全体员工面前表扬那些在困难情况下仍坚守公司信念的团队和个人。

第三，持续沟通，及时调整信念管理策略。

在推行信念管理的过程中，领导者应与员工持续沟通，了解他们的需求，并根据实际情况及时调整信念管理策略。

如定期举行员工座谈会或开展信念认知调查，了解员工对公司信念的理解和认同程度，并根据反馈结果调整相关管理措施。某零售公司会通过季度座谈会了解员工对企业信念的看法，并根据员工反馈，进一步细化信念管理具体执行方案。

因此，在当前快速变化的市场环境中，信念管理不仅要推进，而且急需且急迫，因为它直接关系到团队凝聚力和战斗力的形成。

管理课

领导者追求的"四无境界"

天下无敌，因做好自己而无敌于天下；

目中无人，因聚焦事业而无视纷扰；

安睡无忧，因知成败有命而心态平和；

万寿无疆，因持续创新而企业长青。

第 四 章

法则制约：

精控制度，
从根本上杜绝员工扯皮

规章制度上墙，只不过是法则制约的形式，只有规章制度"上心"，才是法则制约的目的。

制定好的法则不难，即便自己不会，也可以去参考别人的。如何让法则落实下去，才是对管理者的真正考验。规则是无情的，团队是有情的，如何平衡无情与有情的关系，则更是衡量管理者境界的尺度。

有情领导＋无情管理 ＋绝情制度＝高效管理

团队成员虽是你的家人，

但对家人的态度，绝不能一味偏袒、溺爱。

严格管理加谆谆教导，才能打造出一支有战斗力的团队。

人有情，手段无情，方为管理正道。

做有情人，干绝情事，对于管理者来说，这两种特质并不冲突。领导者管理团队时要做到恩威并重。如果只有威没有恩，领导者与被领导者间难免滋生嫌隙与对立；如果恩重威少，下属就容易拿你不当"干粮"。恩和威，相辅相成，缺一不可，共同构筑起管理的基石。

2023年，张总加盟了一家大型制造企业，担任总经理一职。这家企业曾在行业内颇具影响力，然而，随着公司规模扩大，内部管理问题逐渐显现：员工积极性下降，部门协调不畅，生产效率逐步下降。面对这种局面，张总意识到，单靠制度约束已不足以解决问题，必须在管理模式上做出调整。

张总开始主动与员工沟通，通过定期座谈会、问卷调查等方式，了解员工的需求和困惑。他在管理过程中展现出对员工的关心，尤其是在一些关键时刻，如员工家庭出现困难、健康出现问题时，总是尽力给予支持和帮助。这些举措不仅增强了员工对公司的归属感，也让员工在工作中感受到了领导的关怀。

然而，张总深知，仅靠领导"有情"是无法提高企业整体效率的。于是，他开始强化"无情"管理。在这一阶段，张总对企业内部流程进行了认真梳理和优化，细化工作标准和绩效考核机制，并严格执行。无论员工个人情况如何，只要未能达标，都会按照规定受到相应的处罚。这样一来，员工在感受到领导关怀的同时，也深刻认识到工作的高标准、高要求，不敢有丝毫懈怠。

在企业管理中，制度是底线，任何人都不能逾越。张总亲自制定了一套严格的规章制度，无论员工职位高低、贡献大小，只要违反制度，就必须受到相应的处罚。比如，公司规定迟到三次就会被记入个人档案，即便公司的核心骨干，也不例外。通过这种"绝情制度"，张总让全体员工明白，企业制度不是摆设，而是管理的基础和保障。

通过综合运用"有情领导""无情管理""绝情制度"，张总成功地扭转了企业颓势。员工在感受到关怀的同时，也清楚地知道了自己的职责和底线，工作效率显著提高，部门协作也更加顺畅。最终，企业的生产效率和市场竞争力得到大幅提升。

团队的战斗力与前途，关键在于一把手的引领作用。一把手的风格塑造团队的风貌，其性格则铸就团队文化。如此，团队工作方能井然有序，步入良性发展轨道。这样的管理者，才能算作成功。

通常来说，我们可以从以下三个方面提高个人领导力。

第一，有情领导，是团队凝聚在管理者周围的根基。

有情，即管理艺术的"恩"。恩威并重，说通俗点，就是"打一巴掌再给个甜枣"。这个甜枣就是"有情领导"。如果管理太过严苛，员工就会产生逆反情绪，甚至仇视管理者。就算他完成了工作，态度也是敷衍的，且心中积怨。适当松弛下来，跟员工开一个缓和气氛的小玩笑，或者谈谈心，不吝啬自己的赞美与夸奖，展示自己的亲和力，员工就会从畏上升到敬。让下属敬服，是管理的最高境界。

第二，无情管理，是管理者建立威信的基石。

管理者与被管理者相处的底层逻辑就是博弈。没有人希望自己被他人领导，这是人性使然。公司制度必然会与员工的人性诉求相违背，只有服从才能带来执行力。执行力同样是团队最大的竞争力。如果你的管理过于宽松，员工就会觉得你没有威信，从而不将你放在眼里。团队成员不把领导当回事，制度便成了摆设？

《三国演义》中，诸葛亮挥泪斩马谡，他虽极度不舍，但还是要贯彻无情管理，否则原本就艰难的北伐之行会瞬间分崩离析。

第三，绝情制度，是团队长远发展的保障。

制度是什么？是标杆，是准则，是企业的法，而法绝不容情。天子犯法也要与庶民同罪。如果刑法不绝情，社会就会紊乱；制度不绝情，违反公司制度不被处罚，公司就会乱套。

公司的各项管理，一定要上升到制度层面，原则性问题不容挑衅，一切问题公事公办。制度的制定和遵守，是从人治到法治的转变。只有完善和健全的制度，才能将管理者从大量繁杂的工作中解脱出来，提高团队工作效率。

有情领导＋无情管理＋绝情制度，管理者可以在企业内部建立一个高效、稳定的工作环境。

 管理课

带团队的八大铁律

想拿捏别人，先拿捏自己。

不怕员工叫板，就怕员工不敢。

恩不妄施，威不轻怒。

无利益，不自律。

杜绝搞小团体，更不可以权谋私。

你负责"搭台子"，下属负责"唱戏"。

跟下属商量前，先给他"戴高帽子"。

你想做好人，就必须找一个"坏人"搭档。

利益面前，人人自律

赏罚分明，一视同仁，管理事半功倍。

团队成员缺乏干劲儿，是因为奖得不明确。

团队成员散漫无纪律，是因为罚得不到位。

团队成员不服从管教，是因为不够公私分明。

只有明确好赏罚，精准触碰每个人的利益点，团队才能运转自如。

打蛇要打七寸，管理也是一样。不管是小团队还是大企业，利益永远是所有员工的"七寸"！高明的管理者懂得拿捏所有员工的核心利益，让散漫的员工严格执行规章制度，让合格的员工最大限度激发自身潜能，让本就优秀的员工更加优秀，从而做到四两拨千斤、化繁为简的顶级管理。

2015 年，深圳 CSST（中国安防技术有限公司）聘请周通为首席运营官（COO）。当时 CSST 的情况并不乐观，虽然它以"构建智慧城市"的战略目标进入安防行业前端，但是国内外同行都不看好它，认为它的安防水平只在末流，并认为 CSST 不久就会出局。

周通临危受命，决心带 CSST 走出危机，走向世界。他很清楚 CSST 公司与国外、国内一些大型安防公司存在很大的差距，要缩小这个差距，就必须激发出员工的潜能。他一上任就提出了一个令人振奋的目标——进入国内安防十佳公司。为此，他制定了一系列制度，并将制度与员工自身利益紧密结合起来，激励员工努力朝着目标前进。

与此同时，周通还大胆地对公司现有制度进行改革。他认为公司缺乏生机，是因为员工没有把制度与荣誉视为自己的利益和荣誉，进而丧失工作热情。因此，他在制度中有力地体现了员工的利益。比如，人力资源部如果在 2015 年能够招聘到多少名优秀的人才，在公司成功进入"国内安防十佳公司"后，人力资源部门的全体员工都会得到什么奖励。这样的制度执行一年后，到 2016 年 10 月，人们在"国内安防十佳公司"的评选榜上，看到了 CSST 的名字。

正如孔子所说：利益众生，施惠于民。意思是说，让百姓为自己的利益着想，并为之付出努力，这样才更容易激励他们、管理他们。对于企业管理者而言，一定要让员工明确地意识到，执行某个制度会给自己带来利益。这样，当员工为之努力时，团队目标自然而然就能实现，企业制度才会得到落实。

想用制度协调员工们的利益，让制度得到落实，可以利用下面的方法：

第一，明确地制定利益分配的方案。

司马迁曾说过一句脍炙人口的话："天下熙熙，皆为利来；天下攘攘，皆为利往。"员工之所以愿意为企业效力，也是为了利益，毕竟大家都要养家糊口。因此，作为管理者，我们在利益问题上，决不可含含糊糊，必须明确制定利益分配方案，让大家知道：实现了某一目标，能得到什么好处。就像给营销员定提成方案一样，对员工是最有激励的。否则，员工不知道干多干少的区别，又如何肯为企业卖力呢？又如何甘愿执行制度呢？

某知名教育机构从"草台班子"到大公司的转型期间，以前"大碗喝酒、大块吃肉"的哥们儿开始陷入利益纠纷中，该机构遭遇了最严峻的考验。为此，该机构的创始人不得不明确制定利益分配方案，让大家在利益问题上达成共识，风波才得以平息。

没有公平合理的利益分配方案，就不可能有团结一心的集体。

第二，在用利益激励员工时，加入感情的"戏份"。

大家都有这样的体会：你和别人关系好，别人遇到困难时，你肯定会视为自己的困难，绝不会袖手旁观。企业与员工的关系也是如此。如果员工对企业有感情，他们自然会把企业的利益当成自己的利益。反之，员工可能巴不得企业利益受损。因此，这就要求作为管理者的我们在用利益激励员工时，加入感情的"戏份"，即对员工进行感情投资，让员工与我们保持良好的关系，对我们有感情。这样员工自然服从管理，严格执行制度，对企业充满感情。

当年曹操对关羽那么欣赏，关羽依然过五关斩六将，非要去找刘备，刘备到底有什么魅力呢？其实，只因刘备与关羽是结拜兄弟，懂得对关羽进行感情投资。刘备经常跟部将们说："你们都是我的兄弟，打下的天下就是大伙儿的。"

让制度得到落实并不难，只要你首先为员工着想，维护了他们的利益，他们一定会认可你、肯定你，从而严格执行制度，想要努力工作以作为回报。

 管理课

用人八法

基层员工用待遇留。

中层员工用展望留。

高层员工用感情留。

用人不疑，疑人不用。

用其长，容其短。

能用则长用，无用则不用。

用通才谋事，用专才做事。

以德为先，知人善用。

务必确立制度在管理中的核心作用

将制度置于核心，管理才能化繁为简。

无规矩不成方圆。

将制度视作玩笑，团伙永远成不了团队。

让所有人都成为制度的建设者，制度才能深入人心。

大部分管理者都明白，人管人会累死人。想要靠"个人魅力"就能带出铁打的队伍的管理者，是还活在梦里，靠制度、流程、标准管理，才能带出好的团队。把制度当成核心，能有效杜绝人管人时所产生的矛盾、分歧、错误，想要带团队干出成绩，最大程度上提高团队效率，就必须让制度成为管理的核心，将团队打造成飞速运转的精密机器。

涂春红是北京一家科技公司的管理者。有一次，他发现员工在开会期间，经常有接电话的现象。为了保证开会质量，他和几位高层领导定下一个规矩：开会期间，不许接听电话、发短信，禁止手机发出声响。

这一制度出台之后，涂春红发现只有当他参加会议时，大家才乖乖地关闭手机或调到静音。一旦他不参加会议，有些管理者依旧接听电话，一边拿着电话，一边说："对不起，我这个电话比较重要，是一个大客户。"为此，涂春红再次召开会议，并提来一个桶放在会议室说："从今天开始，谁在会议上接听电话、发短信，谁的手机发出声响，一律将其手机扔进这个桶里。"事情也真凑巧，当涂春红说完这句话，一位管理者的电话居然响了！这时涂春红走过去，什么话也不说，夺过对方的手机就扔进那个桶里。

紧接着，又有一个管理者的手机响了，也被涂春红夺过去扔进那个桶中。涂春红的这一举动，让在场的所有管理者傻眼了。从那以后，开会的时候大家都很自觉地把手机调成静音，有些人甚至直接关机。

有人会认为，不就是开会打了个电话嘛，有必要做得如此"绝情"吗？如果你真的是这样想的，那么请你从现在开始，停止这种想法！即使是再微小的制度在执行的时候也不能有丝毫的放松，要不然，员工就会存在侥幸心理，因为趋利避害是人的共性。所以，如果你希望你所管理的企业是一个有着健康的生态链的企业，那么，请从现在开始，对公司所有违反制度和纪律的员工进行"违章必究"。

一个团队，如果不能将制度视作管理的核心，势必会走向失败。战国时期，秦国相对较弱，为了富国强兵，秦孝公任用商鞅进行了一系列变法。商鞅变法包括废除井田制、推行县制、统一度量衡、奖励耕战等措施。这些制度旨在打破旧有的贵族特权，激发民众的生产积极性和战斗力。

商鞅变法使秦国迅速崛起，成为战国后期最强大的国家，最终统一了六国。同时，商鞅变法的思想和制度也为后世提供了宝贵的借鉴。秦国之所以能后来居上，迅速崛起，气吞六国，所仰仗的，就是变法确定了制度在管理中的核心地位。国家如此，更何况管理企业？

想要为自己的团队量身打造一套行之有效的制度，我们可以从以下几方面入手。

第一，制度建设没有旁观者。

一家公司依靠制度而壮大，制度也要依靠每一名员工的执行和维护。在这种制度下，企业受利，员工受惠。因此，制度建设关系到每位员工的切身利益，管理者必须让所有员工明白这一道理。只有员工真正明白了这一道理，所有人才会积极参与其中，尊重制度、遵守制度。

第二，制度面前人人平等。

在制度的实施方面，管理者不应将自己排除在外，也不应有任何特例。力求公正，才是管理者应具备的品格，也是重要的管理策略。不患寡而患不均，自古以来人心皆是如此。

所谓公正，就是在工作中想问题、办事情要出于公心，对人对事一碗水端平，公正地对待诸如分配、奖惩等问题，不以个人好恶而处之，不以私情轻重而为之，主持正义、维护公道。

第三，保持制度的连贯性。

在制定制度时，管理者应当尽量让制度合理化、完善化，保持制度的一致性和连贯性，减少制度之间的相互冲突；二是在制度的实施层面，管理者必须严格遵循制度的规范性原则。

朝令夕改，制度缺少统一性与连贯性，不只会让制度变成儿戏，连管理者都会被当成笑话，在团队成员中丧失威信，从而导致自己的地位变得岌岌可危。

"设定管理机制"的五大原则

目标明确导向性：机制设计需紧扣目标，确保每一步都服务于大局。

流程简洁高效性：流程设计应去繁就简，确保执行高效无冗余。

激励约束并重性：既要有激励机制激发活力，也要有约束机制防止偏差。

灵活适应变化性：机制需具备弹性，能随外部环境变化而调整。

公平公正透明性：机制运行应公开透明，确保人人平等，感知到公平。

精准到位，
每一项制度都要符合团队特质

管理者设定制度，绝不能"拿来主义"。

细节决定成败。

团队不同，制度也要不同。

量身打造，才能合情合理。

如何让制度精准到位，有效执行？身为管理者，就必须从细节入手。中国有句古话"一屋不扫何以扫天下"，也就是说一个人只有注重细节，才有可能取得更大的成就。我们既要做"大事"，还要顾"小节"，只有这样，才能真正地做好管理工作。处于管理者的位置上，我们一定要清晰地认识到管理者的行为具有放大作用，企业内部要职责明确，具体的细节工作都要相应地安排到位。

有个财主家里养了一群门客。有一年，收成不好，财主觉得供养这么多门客有点儿吃力，就跟门客们坦白，说接下来一年每位门客的供奉会减少很多，但承诺来年收成好了会把欠下的供奉双倍补上。

门客们一听，有些人就不乐意了。财主为了留住大家，就想着去亲朋家借钱，保证每个门客的供奉不变，但这些钱的利息得让门客们分摊。这个消息一传开，还是有人不满。财主没办法了，只好去找一位老学者请教。

老学者听完财主的话，笑着说："你发现了吗？对第一套方案不满的多是年纪大的门客，对第二套方案不满的多是年轻的门客。"财主摇摇头，表示没注意。老学者接着说："上了年纪的人，都没什么雄心壮志了，他们很在乎现在能得到什么。而年轻人呢，他们刚来这里，正是踌躇满志的时候，都希望能在你手底下大展拳脚。眼下的困难他们不在乎，但他们不愿意给自己增加负担。所以，你得给他们不同的待遇。对年纪大的人，要保障他们现在的利益；对年轻人，要看重他们未来的发展。"

财主听了老学者的话，回家重新调整了门客们的待遇，大家都非常满意。大家齐心协力，帮财主渡过了这个难关。

在日新月异的市场竞争下，团队制度不光要人性化，还要定制化。在团队管理中，制度的制定不仅关乎规章的制定和执行，更关乎对团队特质的深入理解和把握。一个符合团队特质的制度，能够激发团队成员的积极性和创造力，推动团队的高效运作和持续发展。我们关于企业发展规划的思考、关于制度草稿的厘定等，都需要精细化的工作思路与应对方法。

管理者可以从以下方面入手，为自己的团队量身打造属于自己的高效制度。

第一，量身定制，必须先知己。

"知己"，即深入了解自己的团队。这包括团队成员的技能、经验、个性，以及团队的优势和潜在挑战。一个团队可能由不同背景、不同专长的个体组成，他们的工作习惯和偏好也各不相同。因此，在制定制度时，必须充分考虑这些因素，确保制度既能够满足团队的整体需求，又能够兼顾个体的差异。例如，对于创新型的团队，制度应该鼓励创新思维和尝试，而对于执行型的团队，制度则应该注重规范和效率。

第二，充分知彼，才能脱颖而出。

"知彼"，则是指了解外部环境对团队的影响。这包括行业趋势、竞争对手的制度、法律法规和政策要求，以及市场需求和客户期望。一个团队不可能孤立地存在，它必须与外部环境进行交互，适应外部环境的变化。因此，在制定制度时，必须充分考虑外部环境的影响，确保制度既能够适应当前的环境，又能够预见并应对未来的变化。例如，在制定团队的工作流程时，必须考虑行业标准和最佳实践，以确保团队的工作能够符合外部的要求和期望。

第三，随势而动，依据周围环境以及企业自身的变化不断完善制度。

制度并非一成不变，企业的发展阶段不同，外部的市场竞争环境不同，企业制度也要随之调整、完善。俗话说："制度不全，麻烦不断。"这种说法并非危言耸听，如果管理者总是满足于已有的制度，而不懂得根据时代变化去完善它，设置出健全的制度，那么，必然会在不知不觉中落后于竞争对手。

随着企业的成长和市场环境的变化，对企业制度进行修补、完善或调整是十分必要的。这不但不会破坏制度建设的稳定性和权威性，反而会有利于企业的成长。作为管理者，往往要懂得审时度势，依据周围环境以及企业自身的变化不断完善制度。只有这样，才能促进企业的长远发展。

管理课

什么才是真正有价值的东西

形式有时比内容更重要，它能决定事物的外在表现。

技术标准比技术本身更重要，它能决定技术的价值。

知识产权比知识更重要，它能保护创新的成果。

狠抓制度落地，
必须使出几样高明手段

做管理，重在一个"敢"字。

既要敢得罪人，敢撕破脸，敢开除人。

也要敢放下身段，敢认错，敢担责。

在管理中，结果大于一切。

你要是什么都不敢，结果如何可想而知。

制度的生命力在于执行，在于能否真正落地生根。狠抓制度落地，不仅是对组织执行力的考验，更是对管理者智慧和决心的检验。在企业管理中，一个企业领导人不能凭借自己的威信、人格魅力去管理员工，而是应该成立一套规范、完善的制度来管理员工。想狠抓制度，让制度落地生根，你必须先做狠人，拿出力度来，让团队成员看到你抓制度的决心。唯有如此，才能服众。

某科技公司，最初是由几位满怀激情的创业者共同创办。由于赶上了行业大发展的浪潮，公司的发展速度非常快，员工队伍很快就扩展到了上千人，但随之而来的是管理上的疏漏越来越多。由于员工们对工作流程的理解各不相同，导致协作效率低下；虽然制定了一些规章制度，但执行起来却如同虚设，无法真正落地。这些问题像是一群潜伏在树干里的蛀虫，悄无声息地侵蚀着企业的根基。

公司领导意识到，如果不及时采取行动，企业会因为内部的问题而逐渐衰落。于是，他们决定发起一场名为"制度变革"的风暴，为公司注入新的活力。

首先，公司领导组织了一个由各部门精英组成的团队，对现有的规章制度进行了全面的梳理和修订。他们根据企业的实际情况和市场环境的变化，制定了更为科学、合理的业务流程和操作规范。这些新的制度如同为大树修剪过的枝干，使得企业的结构更加清晰，方向更加明确。

光有制度远远不够，还要把制度落实下去。为了紧抓落实，公司开展了一系列的制度培训和教育活动。通过线上课程、线下研讨会等多种形式，让员工们深入了解并认同新的制度。同时，公司还设立了"制度之星"评选活动，鼓励员工们主动学习、分享对制度的理解，形成了良好的学习氛围。这些新的制度如同为大树培育出的新叶，使得企业的文化更加浓郁，员工们的凝聚力更加强大。

为了确保新的制度能够得到有效执行，公司还建立了完善的监督机制。设立了专门的制度监督小组，负责定期检查各部门的制度执行情况，并及时发现问题、督促整改。同时，他们还引入了信息化管理工具，实现了流程自动化和数据追踪，提高了监督效率。这些监督机制如同为大树设立的护栏，保障了企业的健康成长。

经过一年的努力，公司的制度变革取得了显著成效。企业的工作效率得到了大幅提升，团队协作更加顺畅。到今天，该公司已经成为行业内屈指可数的"巨无霸"。

管理者要知道，想要让制度平稳落地，必须明确责任主体，确保制度执行有人抓、有人管。责任不清、主体不明是制度执行不力的重要原因。因此，要将制度执行的责任细化到岗位、量化到个人，形成一级抓一级、层层抓落实的责任体系。同时，要加强对责任主体的培训和指导，提高其执行制度的能力和水平。

要强化监督检查，确保制度执行不走过场、不搞形式。监督检查是制度执行的重要环节，也是发现问题、纠正偏差的有效手段。要建立健全监督检查机制，定期对制度执行情况进行全面检查，对发现的问题及时整改，对违规违纪行为严肃处理，确保制度执行不走样、不变形。

狠抓制度落地是一项系统工程，需要多方面的努力和配合。

第一，有效分离"分配权"与"派发权"。

在哈佛大学，校长的地位非常崇高，但为什么哈佛大学从来没有出现"家长式"的管理和校长"一言堂"的现象呢？因为哈佛大学有着一套完善的权力制衡制度。

虽然校长是哈佛的权力中心，但校长一要对董事会负责，定期接受董事会的质询，董事会有任命和罢免校长的权力；二要遵循评议会的制衡，即校长提出一些重大决策时，需要经过评议会的同意。

在哈佛，校长是决策的提出者，董事会是决策的执行者，两者有不同的责任，互相监督和制衡。一位哈佛大学的董事曾经说过："在我看来，一个像哈佛大学法人董事会那样的外行董事的工作内容可以浓缩为：尽其所能保证组织健全、人员得到优化配置以及组织良性运行，但不要试图插手它的日常运转。"

正是由于拥有相对完善的权力制衡制度，哈佛大学才一步步成为世界最高学府和最高智慧的象征，成为培养人才的摇篮。

第二，杀鸡儆猴树立制度威严。

制度的作用随处可见。比如我们出行的时候，都必须遵循行人向右、红灯停绿灯行的规则。如果没有了这些交通规则，路上的行人想怎么走就怎么走，司机想怎么开车就怎么开车，那还怎么保障人身安全呢？所以，制度不是人们日常生活中的摆设，而是使社会得以良性循环的基本前提。

> 春秋末年，燕国和晋国的军队一起进攻齐国，形势危急。田穰苴为树立威信，斩杀了齐景公的心腹宠臣庄贾。三军将士见状肃然生畏，上了战场都拼命杀敌，齐国因此扭转局势，大胜而归。

人们常说，商场如战场。企业便是商场上的军队。一个企业要想基业长青，就必须有一套完善的制度规范来约束员工的行为，任何人都不可以拿制度开玩笑。一个将制度当儿戏的企业，其诚信就无从谈起。

第三，制定"适度"的标准。

> 小明有一回数学考了85分，于是父亲对小明说："如果你能够

考到 98 分，我就带你去香港海洋公园玩。"于是小明就很努力地学习，第二个月小明考了 91 分；小明接着努力，第三个月考了 92 分；第四个月，小明努力后仍然只考了 91.5 分。到了第五个月小明就放弃了，98 分对于小明来说太难得到了。

因为规章制度为解决问题而设，所以检验它的标准只有有效性，这就要求制定"适度"的标准。所谓"适度"，简单地说就是，要充分考虑到员工的心理承受力，制定的标准既不能太松，又不能太严，使制度本身保持适度的弹性。标准制定得过松，达不到管理效果；标准制定得过严，超出了员工的能力范围，员工怎么做也达不到要求，干脆不做了，这样还不如不制定标准。

 管理课

员工不服从管理，四招摆平

调：让坚决不服从的直接出局。

吓：抓典型、狠批评、灭威风。

制：学会转移矛盾，借力打力。

晾：冷落、疏远、边缘化。

优化岗位职能，
让员工做事有章可循

企业管理中，没有无招胜有招。

有章可循，有据可依，才是制胜法宝。

管理者必须让员工知道怎么干，为什么这么干。

条令越清晰，效率越高，管理越通畅。

团队是一口大锅，管理者就是掌勺人，员工则是食材。如果掌勺人的火候恰到好处，调料放的比例合理，就算食材普通，也能做出"群英荟萃"；反之，如果掌勺人的料理毫无章法，顶级食材也会变成"萝卜开会"。管理其实就是拼调理和优化，当一家企业实行了流程化管理，那么每个流程的每道工序都必须交代清楚，每个员工都必须明确自己所负责的这道工序具体要做什么事情，什么事情该自己做，什么事情由别人做。

一家位于湖南的造纸企业因经营无方多年亏损，新任老总上任后决心改革。面对企业内部规章制度繁杂且难以执行，职工工作作风散漫的现状。老总亲自主持制定了两项简单明了的管理制度——"四无"和"五不走"。

其中，"四无"要求车间必须做到无垃圾、无杂物、无闲坐闲聊人员、无乱放成品半成品；"五不走"则要求工人下班前必须完成设备擦拭、材料整理、工具清点、记录填写和现场清扫等工作。

这两项制度简单易懂，易于执行，有效改善了企业内部管理混乱的局面。工厂管理大有起色，员工工作积极性提高，企业逐渐扭亏为盈。

在现实管理中，很多管理者总会这样抱怨："企业有非常严格的制度，每个岗位具体的工作范围与内容有明确规定，可是，在实际运营过程中，这些制度和规定常常形同虚设，只是写在墙上，却没有印在员工心里，大家在工作时依然我行我素，下达的命令得不到有效执行……"

事实上，之所以会有这样的抱怨，是因为管理者对流程的认识并不确切。企业制度与规定不等于流程，单纯地制定制度和规定自然不能等同于流程管理。作为一个管理者，要想让企业的制度高效、持续、优质地运行下去，就必须运用科学的方法和工具，结合企业发展需要的各种要素，将企业的各个制度标准化、规范化、程序化。而将企业制度标准化、规范化、程序化的过程就是流程管理。可以说，没有流程，管理就是空话。

第一，制定流程要立足现实、科学合理。

认真分析客户的需求能更准确地瞄准客户群体。这正是立足现实的一种典范。作为管理者，我们在制定企业流程时，一定要立足于现实、以市场为导向，研究客户需求，这样制定出来的流程才是科学合理的。

　　麦德龙公司驻中国分部的总裁康德，曾经在接受采访时说："最重要的，就是不管做什么事之前都要想到，供应端的另一头是客户。很多人在工作中盲目地追求高标准、严要求，却忽略了最重要的客户。"康德非常注重客户的购物体验，因此，在制定工作流程时始终都把客户的需求放在第一位。

流程管理的最终目的就是要帮助企业实现科学运转，规范员工的工作行为，高效地进行工作，最大限度地提升企业的经济效益。这同时也是流程设计的基本要求，做不到这一点，再好的流程也将失去意义。那么，如何才能让我们的流程达到这些要求呢？这就要求管理者在制定流程时要立足现实，实事求是，一切从实际出发。

第二，明确流程标准，实现人员、资源、客源的最优配置。

任何一个有效的管理动作都必须具备三个要素：标准、制约和责任。通俗地说，就是工作如何做要有具体的标准和规定，在工作结束后，要有人来检查，形成监督和制约。对于工作的好坏要做到赏罚分明，追究相关责任。

按流程办事，并不是要保持流程一成不变。流程是一个动态的过程，要随着时代的变化、市场的变化、员工的变化做相应的调整。如果一个企业的流程在很长一段时间内始终没有变化，那么，只能说明这个企业没有任何进步，始终停留在原地。所以，管理者在制定流程和标准时要适应企业经营环境的变化，以达到提高管理效率、降低管理成本、提升企业综合竞争能力的目的。

 管理课

一放一抓，管理要张弛有度

学会放

把自己的态度放低

把多余的权力下放

把差劲的员工放弃

学会抓

抓紧创业方向

抓住方案漏洞

抓牢工作效率

第 五 章

团队提升：

确保明令禁止，
才能实现上下一致

管理团队的最高境界，就是要把许多人的团队管理成"一个人"——思想统一不内耗，整体行动很协调，利益一致不内斗。

想要实现这一目标，需要牢记六字诀——盯、练、逼、想、批、激。

盯：凡事有交代，件件有着落，事事有回音

盯住结果比盯住过程更重要，没有结果的过程只是浪费时间。
交代不是控制，而是责任；着落不是推卸，而是担当。
任何一个团队，管理者"盯不住"，就会立刻变成一盘散沙。
凡事有交代，管理才有意义；件件有着落，才能谈效能。
盯人的管理者，那叫"管家"；盯事的管理者，才能事半功倍。

团队需要"盯"，需要监管，但怎么盯，怎么监管，是个大问题。

有些管理者把自己定位成"锦衣卫"，费尽心机地"盯人"，明察暗访，甚至还要派出"间谍"。如此盯法，已经落了下风，不仅起不到好的效果，反而会搞得团队内部人人自危。

一个合格的管理者应该牢记：盯人，不如盯事；既要盯结果，也要盯过程。

所谓的盯结果，用管理学术语来讲，其实就是"结果导向"。很多管理者误解了结果导向的定义，把它简单地理解成"只看结果，不看过

程"，这是不对的。事实上，结果导向的意思是：紧盯结果，根据结果来分解任务，不断实现，最后达到这个结果。所以，盯结果不是只看结果，而是也关注过程。

诸葛亮派马谡去守街亭，他要的结果是"坚守街亭，拖延敌人进攻的节奏"，但诸葛亮并不是简简单单地给马谡几万人马让他去做就好了，而是做了充分的部署。

第一，派熟知地势、性格谨慎的王平给马谡当副将。

第二，制定了具体的战术——要在道路上布阵防守。

第三，要及时把街亭的地形图画出并上报。

第四，任何行动都要经过商量之后再执行。

如果马谡按照诸葛亮的部署去执行的话，是可以保住街亭的，但是在执行的过程中，他没有按照诸葛亮的要求去做，没有在道路上布防，而是自作聪明地在街亭旁边的山上扎营布防，导致作战失败。

失去街亭之后，诸葛亮一方面处罚了马谡，另一方面又深感自责。他自责的原因只有一个——自己没有"盯"好执行过程。

管理者如何才能避免自己像诸葛亮一样，明明做好了部署，却因为监管失察，行动失败？其实，只需做好以下三点就可以了。

第一，凡事有交代。

管理者分配下去的任务，不管是大事还是小事，不管最终结果如何，下属都应该有"交代"。所谓的交代，就是下属要报告三方面的内容：(1)计划——我要怎么做；(2)日程——我打算什么时候做；(3)结果——我想要达成什么目标。

管理者知道这三点就已经够了，可以根据这三点判断员工能否把事情做成。如果你觉得他的计划、日程或结果有问题，就要提前指出来，不断完善。只要这三点确定了，在他具体操作的时候，你就不用在细节上多加干涉，只需监管"进度"。

第二，件件有着落。

一项工作完成之后，要有总结，小工作小总结，大工作大总结，这就是件件有着落。很多人认为总结只是为了获取经验，事实上并非如此，总结也是"监督"的过程。一个员工，当他知道自己的工作到时候要进行总结，执行时就会特别小心翼翼，拥有了把工作弄明白、做清楚的自觉，因为他知道自己没有办法糊里糊涂地混过去。所以，总结其实是为过程服务的。管理者如果在团队做完一项工作之后摆出一副"嗯，就这样了"的态度，团队成员会觉得"好吧，既然每项工作都稀里糊涂地收尾，那我就稀里糊涂地做就好了，反正他又不'管'"。这是非常可怕的团队文化。

第三，事事有回音。

管理者安排下去的事情，都要有"回响"，就是反馈。团队里拥有良好的反馈机制，就会形成自我监督的氛围。例如：一个管理者说，下周大客户要来公司调研，你们写一篇展示公司文化的文稿。命令下达之后，管理者一定要在任务完成之后得到反馈，不能把任务布置下去了，下周客户来了员工才在会上将文稿拿出来。

管理者不要以为"提前要反馈"只是为了看看员工做得怎么样，提前要反馈的目的是在团队内形成沟通机制，而且是自下而上地沟通。因为管理者要求下属反馈，下属才有理由主动和你沟通。如果你不要反馈，下属即便有话想说，也咽下去了。所以，要反馈，是为了让下属和你主动沟通。当下属主动沟通的时候，你便能源源不断地获得团队的"最新消息"。这也是一种监督的手段。

总而言之，盯团队要做好三件事：凡事有交代，件件有着落，事事有回音。做到了这三件事，团队的动向、员工的动态，你自然就掌握了。

 管理课

真正重要的权力

不是管人，而是管思想，引领正确的方向。

不是管钱，而是管信息，掌握市场的脉搏。

不是管权，而是管规则，确保秩序的井然。

练：能力教不出来，必须上手练

千学不如一看，千看不如一练。

培训只是告诉员工他们应该做什么，具体怎么做，还是要练。

没有上手的经历，再好的教导也是空谈。

再简单的工作，也有许多细节，学不会、悟不到，只能靠练。

经验不是教出来的，而是从一次次实际操作中积累出来的。

带团队不像在武侠小说里当掌门——找到亲传弟子，把自己的毕生绝学教给他，将来他就可以力压群雄……那不过是理想主义的故事罢了。现实是：无论你多么努力地培养员工，可等到他们具体做事情的时候，还是会"洒汤漏水"。

有些资历比较浅的管理者因此会感到迷惑：明明教的时候都说过、强调过，他们当时也都记住了、理解了，为什么还是做得一塌糊涂？资深管理者就不会有这样的困惑，因为他们在管理实践中明白了一个道理：教是一回事，做是一回事。不论员工的学历有多高，悟性有多高，他们都需要通过具体的实践，才能成为优秀的下属。

某知名餐饮企业的 CEO 杨女士，曾经是该企业的一名服务员。

杨女士 16 岁时，为了给家人还债，便出门打工，每月工资 120 元。当时，一位做市场调研的火锅店老板来到杨女士打工的餐厅吃饭，火锅店老板发现杨女士热情周到，情商很高，是难得的人才，于是便用 160 元的"高薪"，将杨女士挖到自己的火锅店。

这家火锅店后来走上大发展的道路，开了许多家分店。这时候，管理人才明显不够用了。于是，火锅店老板对杨女士说："让你当领班，怎么样？"

杨女士说："可是，我只当过服务员，没有管理经验。"

老板说："不练永远没有经验，我带你，你大胆练。"

就这样，杨女士一路从领班"练"成了大堂经理，从大堂经理"练"成了店长，最终成为公司合伙人，并且在原 CEO 卸任之后成为餐饮集团的 CEO。

有的员工说有"十年经验"，但其实是用一个月的经验干了十年的活。这样的员工，永远难堪大任。员工之所以"原地踏步"，除了极少数是因为他们本身缺乏进取心，大多数情况下是管理者没有给他们练的机会。

管理者之所以不愿意给新人练的机会，有两个原因：

一是试错成本高。练，就意味着很可能搞砸。事情搞砸了，就会产生额外成本。

二是没人愿意带。自己瞎练不行，必须得有人带，但是大多数老员工不愿意带新人。

这两个原因是客观存在的困难，但是如果管理者能够通过制度建设鼓励老带新的话，就能一箭双雕，同时解决"容易出错"和"老人不愿带新"的问题。为了达到这一目的，我们需要做好两件事。

第一，设立老带新补贴。

管理者不要以为把新员工交给老员工带，是给老员工减轻了负担。事实上，由于新员工对职能、业务、工作流程等都弄不太明白，老员工带好新人需要大量时间。有些事情，一个人做反而简单，带个新人反倒费事。所以，带新人其实是老员工的一种付出，这时候应以各种形式给老员工提供一些带新人的补贴。

第二，绑定师徒利益。

老员工之所以不愿意带新人，还有一个非常重要的原因，就是老员工怕教会徒弟饿死师父，尤其不愿意带有潜力、将来可能超过自己的新人。遇到这种情况，我们不妨借鉴师徒制的一些经验——一定时间内，徒弟的工作绩效与师父的绑定。如果徒弟能够在这段时间内做出成绩，那么就给师父一定的奖励。

我们之所以如此重视老带新，归根结底，是因为管理者要给新人练的机会。你作为团队核心，肯定不能保证自己团队的每个新人都是"老手"。所以，如果你不能掌握这个"练"字诀，肯定会极大地影响团队的竞争力。而且，团队越大，新人越多。如果你不会练新人，就无法成为一个大型团队的合格管理者。

 管理课

管理"四要诀"

管理是盯出来的，盯紧细节，才能成就大业；

技能是练出来的，勤学苦练，方能技艺超群；

办法是想出来的，深思熟虑，妙计自然涌现；

潜力是逼出来的，挑战极限，方能突破自我。

逼：自驱力是"稀有品"，多数人全靠逼

> 不逼自己一把，都不知道自己的能量有多大；不逼员工一把，你都不知道他怎么糊弄你。
>
> 少数人靠自驱，多数人靠逼，这就是现实。
>
> 逼未必就是在身后赶，牵头领着跑是一种更高级的逼。
>
> 没有压力，很多人连开始都不会，逼才是最好的助推器。

管理者要善于鞭策，说得直白一点，其实就是逼。

懒惰是人的天性，"划水"是大多数员工的习性。有些人会说："给我多少钱的工资，我就干多少钱的活。"这话听着有道理，但在管理实践中我们会发现，你给员工月薪 5000 元，他会"划水""摸鱼"。你想着"如果我把他的工资涨到一万元，他应该会好好干了吧"，实际上，工资翻倍之后，他还是会"划水"。

只要有"划水"的空间，就一定会"划水"，这是大多数人的本能。

所以，管理者想要让员工真正发挥他的能力，光靠物质激励是不够的，还要靠管理的鞭策。

历史上的戚继光，最善于练兵。

戚继光那个时代，大明的武备松弛，军队战斗力普遍比较低。但是戚家军不一样，他们的战斗力超强，在对倭寇的战争中，经常打出匪夷所思的战损比——己方伤亡一两人，击溃敌人数千人。

同样是兵，为什么戚家军的战斗力比别的军队强呢？答案就是戚继光在军饷给足的同时，特别善于"逼"下属。

戚继光规定："夫金鼓号令，行伍营阵，皆战事也，必曰实战谓何？只缘往时场操，习成虚套，号令金鼓，走阵下营，别是一样家数。及至临战，却又全然不同。平日所习器技舞打、使跳之术，都是图面前好看花法之类。如至临阵，全用不对，却要真正搏击，近肉分枪，如何得胜？"

意思是，平时训练的时候，就要按照实战那么打，不搞花架子，不给士兵"划水""摸鱼"的机会，拼命练。在戚继光的逼迫下，戚家军练就了一身真正的杀敌本领，战斗力焉能不强？

管理者鞭策员工，既是对团队的负责，也是对员工的负责。但是鞭策要有鞭策的方法，不能由着性子蛮干，更不能不讲方法地胡干。鞭策员工，要遵循下面几个原则。

第一，要有物质基础。

前面我们说物质激励不能很好地激发员工的潜力，但是想要鞭策员工，没有物质上的相对满足作为前提，是万万不行的。在你的团队成员收入达到行业平均水平的时候，你才能用一些高压的方法，逼迫员工进步。物质条件达不到，压力还大，许多员工面临高压时想到的第一条路，就是"撤"。

第二，要让员工看得见成效。

有些管理者很喜欢逼员工，但尽在一些看不到成效的地方逼迫员工，如无缘无故逼员工加班，逼员工在一些细节上投入太多精力……这样的逼，逼来逼去，团队效率也高不了多少，惹得天怒人怨还看不见成效，员工当然有意见。要逼，就要在最能出效果的地方逼——逼员工提高业务水平，逼员工增加约见客户的频率，逼员工在工作时间更专心地投入工作……

这样逼员工，员工也烦，但用不了多久，他就会发现：自己的业绩提升了，收入多了，奖金多了，到时候就会心甘情愿让你逼。相反，假如你逼了很久，尽是逼迫员工做一些无关痛痒的事，团队效率没有提高，员工收入没有增加，只是团队的工作氛围看起来紧张了一点，有什么意义呢？

任何一个人，能力不会无缘无故变强，更不可能一夜之间突飞猛进，不断地逼迫员工突破上限，他一直进步，他的潜力也能够得到挖掘。到最后，你收获的不是仇人，而是战友。

 管理课

做管理，顺序不要搞反

激励放在考核前，吃够草的马才愿意被鞭策。

结果放在目标前，无法实现的目标只是空谈。

能力放在态度前，最无用的就是职场老好人。

产值放在价值前，真正的价值是做出高产值。

人效放在人才前，有效率的人才能称为人才。

现在放在未来前，先攻取当下才能赢得未来。

想：多想，大家一起想

一个人想不是本事，能把一群人带动起来想一件事，才是真本事。

把个体的想法集中起来，成为团队的共识，才是高明的管理。

独自思考易走偏，集体讨论才能找准方向。

只会做的团队，是驴，只能用来转圈拉磨；会想的团队，是狼，可以放出去打猎。

一个团队有几个脑子？

有些团队只有一个脑子，管理者是大脑，其他成员只是"工具"，按照大脑的指令机械地工作；有的团队是"多核电脑"，有问题大家一起出主意解决，不见得每个人的主意都对，但管理者可以选择对的部分，将其组合在一起，最终形成完美结局。

一个管理者，凡事都自己想，自己拿主意，到最后一定会形成一个"一言堂"的团队。这类团队的创造力全部都集中在管理者一个人身上，一来能力有上限，二来很容易导致能人全跑光、只剩下庸才的局面。

企业界有一个常见的现象——该行业的龙头老大，往往是该行业的"黄埔军校"。从这家企业走出来的员工，往往会成为同行业其他企业的中坚力量，或者成为行业后起之秀的创始人。例如，国内某互联网公司起步早，发展快，规模大，一度是国内知名、领先的互联网公司。从这个公司走出去的人才，要么在其他互联网公司担任要职，要么自己创办了新的公司。据统计，中国互联网行业中等规模以上的企业，超过 30 家企业的高管有过在龙头企业任职的经历。

是因为龙头企业，所以能培养更多人才，还是因为企业善于培养人才，所以才成为龙头企业？大多数情况下是后者。那些行业的龙头企业，大都非常善于调动员工的主观能动性，让员工跟着管理者一起思考问题、解决问题。这样的企业，更容易获得巨大成功，成为行业龙头。

有些人会感慨企业人才流失的遗憾："培养了那么多人才，却为他人做了嫁衣。"但是，作为管理者，我们要清楚：先有人才，才有资格流失人才；你不让员工主动思考，不发挥他们的主观能动性，团队里连一个人才也没有，当然不会人才流失。

想要让员工积极思考，发挥他们的主观能动性，要遵循以下两个原则。

第一，做错要批评，想错不能批。

一个员工把事情搞砸了，该批评就要批评。然而，很多管理者会在员工想错的时候大加批评、讽刺：你脑子里想什么呢？你觉得这个想法可行吗？一天天的，净想些有的没的！

　　管理者要明白，想法只是想法，再荒谬、再幼稚，也不会对团队造成一点点伤害。一件无关紧要的事情，你为什么要批评那些多想的人呢？首先，批评是一种资源——过多地利用批评，批评将变得没有意义。其次，批评是一种导向。你批评员工的错误想法，也在无形中压制了团队的思考能力。所以，不要批评员工的想法，反而要鼓励员工多想。多想，才有正确的想法；不想，不会想错，但会丧失想法。

第二，要善于集中想法。

　　管理者要做厨师，用各种好的食材，炒成一道比任何单一食材都要好的菜；不要做雕刻家，把自己认为好的想法拿过来精雕细琢、反复利用。

　　我们要让团队里的每个人都有思考问题的习惯，要让我们最终的决策里尽量包含更多人的想法。一个项目，有人考虑到前期的筹划问题，有人考虑到后期的风险问题，都放到计划里，这样才能把项目做好。

　　然而，一些管理者不是这样做的，他们征求意见的时候采取的方式是：让每个人都提方案，觉得某个方案不错就让那个人去执行，其他人则成为"工具"。

　　这样做的好处是效率高，管理难度低，但最后会形成一个结果：那个被委以重任的人，通过项目执行，获得了经验、自信、能力，其他人则一无所获。下次再有项目的时候，十有八九还是那个人的方案最好，因为他的能力已经练出来了。久而久之，团队中的某个人越来越强，团队却越来越弱。最后，团队就变成游戏世界里的"虫群"——只有一个能力很强的"领主"，其他人都是"弱鸡"，领主"叛变"或者"牺牲"，整个团队就散了。

多想，大家一起想，这不仅是提升工作效率的途径，更是打造持续创新和竞争优势的基石。

"三层""三方"，把管理做好

三层

上层管理者，要做正确的事

中层管理者，要正确地做事

基层管理者，要把事做正确

三方

方向走得正确

方法执行得当

方略执行到位

批：善用批评的武器

没有批评的团队，只会在安逸中停滞不前。

批评是风向标，通过批评为团队画红线，团队才能永远不越界。

批评是一种资源，滥用则资源贬值，不用则资源枯竭。

随口而出的批评，是拙劣管理者的本能。

善意的批评是成长的催化剂，别让它变成伤害的武器。

批评是高端的语言艺术，是最好的武器，它能起到震慑作用，还不会真正打到别人身上。

管理者要想让自己的批评有效果，需要注意两件事情。

一是不能搞错批评对象。

许多管理者认为，自己怎么可能批评错对象呢？一定是下属做错了事才批评他的。问题在于，做错事的人，都值得批评吗？

举个例子，你的办公室里有个鱼缸，而你出差去了。一天，鱼缸的一条鱼死了，有人把那条鱼捞了出去。第二天，又死了一条。这时候，有员工开始琢磨：为什么每天死一条鱼呢？是不是鱼缸里有病毒，于是，他在鱼缸里放了许多杀毒剂。结果，剂量没有掌控好，鱼全都死了。

这个员工犯错了吗？犯了。

你要不要批评他呢？

事实上，即便是在工作中，这样的事情也是很常见的。职场上，有一个被打工人普遍认可的定律——干得越多，错得越多。这是个真理，一个统计学上的真理，不干事的人，犯错的概率为零，干了一百件事的人，和另一个同等能力但是只干了五十件事的人相比，犯错的概率要大一倍。

这时候，你不去批评那个干了五十件事的人，反而批评那个干了一百件事的人，只因他比别人犯了更多的错误，这样做的结果只有一个——让团队成员把"干得越多，错得越多"当成做事的准则。

这就是搞错批评对象带来的恶果。

二是不能"范围打击"，要精准批评。

经常有些领导气冲冲地走进办公室，对着所有人大喊："你们怎么搞的？把事情搞砸了，一群无能之辈！"这就是典型的"范围打击"。一个合格的管理者，一定要摒弃这种批评方式。因为范围打击式的批评，只有坏处，没有好处。

首先，范围打击式的批评，从逻辑上讲是错的。团队把某项目做失败了，能意味着这个团队中的所有人都有错、都该被批评吗？肯定不是。

建兴六年（228年），诸葛亮对曹魏发动又一次进攻，但却出于种种原因大败。

挫败的蜀国军队，遭到曹魏军队的追击，大部队溃败不堪。诸葛亮非常恼怒，他不仅自己承担了大部分责任，还把那些带兵的将领予以降级，但是却夸奖了赵云一番，因为赵云在败军之际仍然冷静，收拢军队，有序撤退，损失非常小。

管理者们可以想一想，诸葛亮已经遭遇一场大败，绝大多数将领表现欠佳，这个时候，如果他因为恼火而对手下将领说"你们都是一群废物"，是不是也可以理解？但是他没有实施范围打击，而是专门找出赵云这个典型，表扬一番。这才是高明的管理艺术。

之所以不要范围打击，还是因为这样做没有任何作用。

我们都知道，法不责众，你批评所有人，从实际效果看，等于白批评，因为大家会想——反正不是我一个人的错；但是从团队心理看，会让所有人产生负面情绪，影响团队成员对你的评价。所以，范围打击非但没有好处，还会带来诸多坏处。

当管理者明白批评的基本原则、找到正确的批评对象、改正范围打击的做法之后，还要注意批评的方式和方法。

批评下属时，管理者要做到两点。

第一，批评和分析相结合。

仅仅责备是没有用的，还要寻找员工犯错的原因。我们要知道，批评不是对上次错误的"清算"，而是对下次错误的"预防"。所以，你不要发泄情绪，而要帮助下属分析错误从何而来，避免下次再犯。

第二，厘清责任。

一件事情搞砸了，一般有两部分责任：一是管理责任，二是执行责任。所以，管理者和下属都应该承担属于自己的责任。管理者批评下属时，切忌把所有责任都推到下属身上，要把属于自己的责任承担起来。

这一点，说起来容易，做起来难。多数管理者因为身居高位，会习惯性地把责任推到下属身上。这是人性的弱点使然。虽然这可以理解，但是如果管理者不能清醒地认识到自己的这一弱点并加以改正的话，就算不上合格的管理者。

所以，批评不应仅仅指出问题，更应成为激励进步、引导思考的推动力。

 管理课 ● ● ● ● ● ● ● ● ●

"反骨"下属是这样练成的

和下属走得太近，没有边界感

管理者没有边界感，下属自然不把你当回事儿。

说话做事太软弱，丧失敬畏感

管理者不能没有一点儿雷霆手段，否则下属如何敬畏？

奖惩措施太随性，缺乏权威感

权威，一靠"胡萝卜"，二靠"大棒"，如果两种东西你都没有，下属自然不屑。

隐藏实力太低调，缺乏专业感

有本事你得亮出来，人都是慕强的。

激：请将不如激将，
让员工时刻保持高能

激将，不是要激怒，而是要激起好胜心、胜负欲。

你的激将法能成功，不是因为对方"上钩"了，而是对方觉得火
候到了。

不要把别人当傻子，不要把自己当唯一的聪明人。

不激不发，员工的动力往往需要一点外力催生。

如何点燃员工的热情？这是困扰很多管理者的一个问题。传统激励手段，如表扬和奖励，固然能带来正面效果，但有时过多的赞誉却可能让员工陷入安逸，失去追求卓越的动力。此时，"激将法"便显得尤为关键，它通过适度的挑战和竞争，让员工保持旺盛的斗志，不断追求进步。

所谓激将，就是通过挑战或刺激，可以使人产生一种不服输的心理，进而更加努力地达到目标，这种方法能够很好地点燃人的斗志。

唐天祐年间，叛臣朱全忠手下有一员大将叫高思继。此人异常勇猛，善用飞刀，百步取人。后来，高思继兵败，选择归隐山林，远离了战场的喧嚣。

晋王李克用知道高思继是员良将，便命儿子李嗣源前往山东请高思继出山。

李嗣源来到山东，见到高思继，表明来意。高思继却说："我已经归隐山林，不愿意再动刀动枪。"

李嗣源见高思继这么说，便开始讲故事："我曾经与一个很厉害的武将对阵，打不过他，他笑世上没有人是他对手，我说山东有个高思继，盖世英杰，有万夫莫当之勇，结果他却说：你把高思继叫来，我能把他剁成肉酱！"

高思继一听，顿时心头起火，口中生烟，说："此人这么猖狂，我去会会他！"

高思继本来已经看破红尘，弃武从耕，但当李嗣源激他时，他却毅然重返战场。可见，激将励志是游说的一个重要手段。

管理者要善于用激将法。下属的潜能和主观能动性有时候无法被动员起来，就需要"激"——给他们一个较低的评价，让他们主动"证明"这个评价是错的。当然，这个评价可以来自其他地方。比如李嗣源对高思继说"有个人宣称能把你剁成肉酱"，便是利用别人的负面评价来"激"高思继。

激将法之所以能成功，很多人觉得是因为被激的人脾气大，容易冲动，不理性。事实上，这是把别人看低了。大家都很聪明，没有人那么容易上当。你激一个人，那个人一定知道你在激他。

他之所以"受激"，是因为他觉得那样做对自己有利。

现在，我们假设两种不同的情况。

有两个管理者，想要激发员工承担一份难度很大的工作。

A管理者对员工说：咱们团队只有你有能力完成这项工作，所以非你出马不可。

B管理者对员工说：大领导说了，咱们团队恐怕没人能干这项工作，我说你可以，但听大领导的意思，好像不太相信。

最终，A管理者没有说动员工，B管理者说服了员工。是员工不知道B管理者在"激"他吗？是员工上当了吗？

不是。员工的想法是，如果领导说我能力强，只有我能做这件事情，那么万一我搞砸了，不就意味着我能力不强吗？这项工作的难度这么大，搞砸的概率比一般工作高，我可不能"冒险"。但是如果领导认为我不行，即便搞砸了，也不过是符合领导预期，我不会损失什么，但是成功了，就可以证明自己，收益很大，这件事我可以去做。

由此可见，被激之人实际上全是基于个人利益的考量。激将法之所以管用，主要就是否定人在某个具体方面的价值。记住，是具体方面，不要一棒子把人打死。如果管理者对员工说："你干啥啥不行，还不拿出点本事把这件很困难的事情做成了，好证明自己！"这根本起不到激将作用，因为它的逻辑是不通的。员工会想：我干啥啥不行，你为什么还要把难事交给我？

否定员工某些具体方面的价值，可以让员工力求证明自己的价值，此时他是没有负担的——因为证明了有好处，证明不了也没有损失，何乐而不为呢？

总之，激将法不是去"设计"员工，而是通过一种很巧妙的方式，向员工传达一个信息——我原本认为你不具备这方面的能力，但是可以给你一个机会，去展示自己这方面的能力，成功了是你的功劳，失败了是我用人的问题。员工解读了你的意思之后，心里畏惧失败的包袱卸下来，便会主动请缨。这才是激将法能够成功的底层逻辑。在具体的管理过程中，主要有下面两种激将方法。

第一，设立挑战性目标，激发斗志。

管理者可以通过设立具有挑战性的目标，激发员工的斗志，让他们主动超越自我。

具体做法：在项目启动或阶段性任务中，设定一个略高于团队预期能力的目标，并激励团队为达成这一目标而努力。例如，某销售公司在年中销售冲刺时，CEO 设立了一个比去年高出 20% 的销售目标，并承诺如果达成这一目标，全体员工将获得额外的休假奖励。

第二，营造适度的竞争氛围，促进进步。

适度的内部竞争能够有效激发员工的工作热情和进取心，帮助他们在竞争中不断提升自我。

具体做法：分组进行任务或项目，设立奖励机制，以鼓励团队成员在良性竞争中互相学习和进步。例如，某 IT 公司将研发团队分为两个小组，分别负责开发不同的功能模块，并设立了"最佳创新团队"奖，激励两个团队在竞争中发挥出最佳水平。

激一激，不仅能够大大提高工作效率，还能帮助员工突破自我，形成积极向上的团队文化，何乐而不为？

 管理课

管理有窍门，"四两拨千斤"

小激励，大动力：一点小激励，撬动大潜力。

小表扬，大信心：适时小表扬，树立大信心。

小建议，大变革：员工小建议，带动大变革。

小关怀，大团结：日常小关怀，促进大团结。

第 六 章

消除内耗：

统御的方法不需太多，关键要有效

内耗严重的团队，注定走不远。

什么是团队内耗？其实很简单，就是团队内部的对抗太多。上级与下级的对抗，不同成员之间的对抗，不同小团体之间的对抗……不消除这些对抗，你永远无法将团队的力量凝聚在一起。想要消除对抗，则需要一些不为人知的"小手段"。

新官上任三把火，怎么 "烧" 才到位

新官上任，要会烧三把火。

第一把火叫"洗牌"：别怕被人戳脊梁骨，班底才是你的根基。

第二把火叫"制衡"：该打压就打压，该提拔就提拔。

第三把火叫"杀鸡儆猴"：不想以后被员工针对，就先展示出你的权威。

三把火烧得越霸气，你的管理就越有底气，员工就越对你服气。

大多数人都想当管理者，管理者意味着有更好的前景、更高的职务、更多的薪资。但问题是，管理者也不是那么好当的。特别是新官上任，他要面对的问题就非常多。

团队成员不是机器，不会把优缺点变成标签放在自己身上。想要做好的管理者，你就要熟悉每个成员，让他们发挥自己的长处，让团队高效运转起来。新任管理者往往会受到老员工的挑战。他们或是功勋彪炳，或是更熟悉团队，觉得自己才应该坐在那个位子。

因此，新官上任必须解决的问题就是了解其他人的长处与短处，树立自己的威信，这样才能保证团队正确、高效地运转起来，避免管理者被认为德不配位。

老李本来在一家小公司担任经理职位，去年他得到伯乐赏识，被挖到一家大企业负责团队管理。这是企业业绩最差的一个部门，员工的素质与能力也良莠不齐。老李刚上任第一天，便受到老员工的排挤与针对。

老李对眼前的情况早有预料。他雷厉风行，干净利落地烧起"三把火"，用了不到一周的时间，便将团队调教得服服帖帖。

第一把火"洗牌"。老李先是根据业绩情况辞退了几名员工，然后立刻从原单位招来几名业绩好的进入部门当中。

第二把火"制衡"。老李洗牌的举动遭到部门人员的不满。在流言蜚语满天飞的情况下，老李无动于衷，按照计划，将一部分早该升职的员工提拔了上来。那些倚仗资历、整日无所事事的老员工，该降职的降职，该降薪的降薪。

第二把火烧完，部门内虽然还存在对老李的反对声，但已经可以忽略不计。不过，老李的火还没烧完。

第三把火"杀鸡儆猴"。老李在跟上级部门领导沟通后，直接开除了部门内的一名关系户。这一举动，彻底树立了老李在部门内的权威。此后，他的管理工作变得无比畅通，部门工作效率显著提高。老李上任不到 3 个月，部门业绩便位列全公司前三名。

领导者在用"三把火"树立威信的同时，也应注重团队的稳定、公平氛围的营造，以及员工的长远发展。只有这样，才能真正实现管理的有效性和可持续性，让员工在尊重与信任中共同推动组织发展。那么，新官上任的时候，要如何烧好这三把火呢？牢记以下三个要点，就能让你顺利度过新官上任这一阶段。

第一，别为了"烧火"而"烧火"。

管理者做出的决定、改变，应该有明确的目的性，而不是为了彰显自己的权威。为了让大家知道现在谁是领导而改变现有的规则和秩序，大可不必。如果现在的状况是好的，可以先保持下去，贸然改变反而会弄巧成拙。

有些新官在不是官的时候就设想过很多要做的改变，认为这样做才会有更好的效果。事实真的如此吗？管理者的视角往往是不一样的，站在另一个角度看事情，很有可能得出完全不同的结论。不妨多等等、多看看，等了解了事情的全貌后再做决定。

第二，不管"火"怎么"烧"，要先让团队成员获得好处。

团队有问题，成员有缺点，制度有不合理的地方，这些都是要改变的，也是很多新官一上任就要大刀阔斧处理的问题。然而，虽然处理这些问题从长远的角度来说对团队更有好处，但却未必能得到团队成员的认可。

人有着强大的适应性，即便环境恶劣，人们总是能从中找到让自己过得舒服的办法，或是从中获得利益，或是找到了融洽相处的手段。总之，只要环境改变，规则改动，就会有人觉得不那么舒服。

新官上任，要先获得信任，树立威信，不应急于触动他人利益，"火"先从让人觉得不舒服的地方"烧"起。

第三，急人之所急。

锦上添花不如雪中送炭，想要得到成员的认可，大水漫灌式地讨好，不如将力量集中起来，解决团队成员急切需要处理的问题。这些问题或许不大，需要的资源也不多，但却能起到立竿见影的效果。

夏天的空调，冬天的暖气，老旧的办公设备，或是生产环境、生产资料方面的问题，只要能在短时间内解决的，管理者从员工那里收获的好感远胜于其他手段。

万事开头难，新官上任也不例外。要获得信任，树立威信，无非要让其他人知道，你是和他们站在一起的，你是能解决问题的，你是有能力的。站在一起，说明以后他们会有更多的好处；解决问题，证明你不是傀儡，有自己的主见，向你反馈问题有用；有能力，证明跟随你，员

工会有更好的未来。满足了这几点，你就能烧好新官上任的三把火。

管理课

第一次当领导，
下属不拿你当回事怎么办

自我反思：一个巴掌拍不响，反省自身很重要。

戒急用忍：用药过猛不可取，循序渐进为上策。

摸清敌情：寻根究底找问题，推心置腹辨敌友。

束己立威：威信何来细思量，能力服人首当先。

定规立矩：规矩在手明是非，名正言顺最重要。

以退为进：拉打并用掌大局，该出手时就出手。

别找员工麻烦，
让员工找自己的麻烦

鸿鹄不落淤泥之中。

你去找员工麻烦，只会降低自身格局，引起员工敌视。

真正的无为而治，是让员工自省自查。

真正的阳谋，是让员工在认错的同时还能更认同你。

团队想要变得更好，就需要每个员工都变得更好。但人们更容易发现他人身上的问题，却很难找到自己应该改变的地方。管理者想要帮助员工变好，很容易被看成"找麻烦"。

管理者在"找麻烦"的时候，如果态度过于温和，其话语就会被当成耳边风，得不到足够的重视。如果态度强势，又会激发员工的逆反心理，甚至遭到仇视，影响团队的和谐。最好的办法，就是让员工自己发现问题，找自己的"麻烦"。

一次，齐景公强令民工建造大台，导致民不聊生，百姓苦不堪言。晏婴出使归来后，目睹了这一情景。他深知此举不妥，但并未直接指责齐景公，而是采取了巧妙的策略。

他先表示支持建造大台，并亲自到工地催促民工加紧工作，甚至以鞭子抽打稍有懈怠的民工。这一举动看似残酷，实则是为了让齐景公自己意识到问题的严重性，是非常直观的反馈方式。

果然，在晏婴的"鞭策"下，民工们怨声载道。齐景公终于意识到自己的过失，下令停止施工，释放了民工。

在古代社会，指责君王的过失是一件非常需要技巧的事情，不仅要能起到作用，还要能保证自身的利益不受侵犯。想要当好管理者，不需要如此小心翼翼，但不代表对我们没有启迪。

从晏婴的做法中我们不难得知，自己找自己的"麻烦"，最重要的就是提供有效而直观的反馈。甚至有些时候，将结果极端化，能更快、更好地起到作用。此外，还有哪些办法能产生类似的效果呢？

第一，利用集体荣誉感。

团队是一个整体，每个人都要发挥自己的作用。当某个员工需要被找麻烦的时候，往往是因为他的个人能力、发展速度已经匹配不上团队的要求了。当员工不知道这一点的时候，他还能心安理得，但当他知道给团队拖了后腿时，就会产生紧张感。

拖后腿意味着什么？意味着他的能力不足，他身上有问题，已经是个无法辩驳的事实。他要么努力做出改变，成为达到团队要求的一员；要么因与其他人的差距越来越大，成为被"优化"的对象。如此一来，他自然会从自己身上找问题，寻求让自己变得更好的办法。

第二，利用已经存在的奖励制度。

奖励制度最大的作用在于让出色的员工获得激励，让其他人为了奖励而更加努力。只要奖励制度公平、公正，结果公开，员工自然会与获得奖励的员工对比。没有对比，就很难分清优劣，有了对比，才能更清晰地看到自己的不足，朝着更好的方向前进。

利用奖励制度最怕的就是管理者存在私心。如果管理者因为亲疏关系做出不公平的决定，这一制度就完全产生不了积极的效果。被奖励的人觉得自己是正确的，是好的，就不需要做出太多的改变，不需要找自己的"麻烦"，没有被奖励的人则会认为即便自己更加优秀，也是毫无意义的。既然如此，为什么还要找自己的"麻烦"呢？与其找自己的麻烦，不如找管理者的"麻烦"来得更有效果。

第三，利用考核与培训制度。

合格的团队，应该有完善的考核与培训制度。世界上的一切都在不断变化，我们学过的知识也是如此，总会有越来越多的新知识出现，旧的知识也在不断被完善。当员工骄傲自满、故步自封的时候，他就会越来越落后。

由管理者揭开血淋淋的事实，不如让员工通过考核维持现有水平，通过培训发现自己需要精进的部分。当员工在培训中发现自己还有很多不足时，他就开始找自己的"麻烦"了。

劝人进步也要讲究方式方法，否则很容易费力不讨好。一个优秀的团队，不仅要有足够的能力，还要有良好的氛围。以上种种办法，归根结底是要通过直观反馈让员工认识到自己能力上的不足，尽最大可能地避免出现工作失误。

 管理课

做好这四点，不怕被"架空"

把控三权：紧握签字审批、人事任命、物资调配之权。

掌控三人：着重培养心腹、骨干，并储备干部。

深入一线：常走动、多沟通、深了解。

三个防范：谨防失衡、越级、抱团。

化解员工不满，
软话术比权重更有力

泥人尚有三分火气，更何况是人？

很多管理者，太把鸡毛当令箭，以至于团队人心离散。

权力是把双刃剑！

关键时刻使用，可以力挽狂澜；随意滥用，只会害人害己。

管理者要学会"狐假虎威"。

披上权力的外衣去做事情，方可事半功倍。

虽然大家都在一个团队里，但管理者与员工却不完全站在相同的立场上。管理者希望做的项目能够尽善尽美，员工能够付出更多的辛勤与努力。员工也希望做好工作，但更希望个人的付出有性价比，或是有更高的回报，或是降低压力，减少时间上的付出。

既然立场不同，管理者作为掌握话语权的一方，就要允许员工有不满。化解了不满，团队才能更有效率，更加团结。有些管理者认为，自己拥有更高的权力，只要合理使用，就能让员工低头。然而，这样不仅会破坏团队氛围，还会导致员工阳奉阴违、出工不出力。化解员工的不满，使用权力远远没有软话术来得有效果。

　　甲骨文公司的创始人拉里·埃里森性格强势，稍显古怪。即便如此，他在管理员工的时候也并非强硬地使用权力，依然有许多软话术。

　　"我知道最近一直加班让大家压力很大，不能让大家有更多的休息时间和足够的资源支持，这是我没有做好工作。"这是埃里森面对紧急项目，让员工持续加班时所说的。

　　"一旦新版本完成，我们的数据库就将成为市场上独一无二的产品，大量的用户投诉也将无影无踪。请相信，我们今天的努力必然会铸造明天的成功！"甲骨文公司的产品不够成熟，遭遇大量投诉，员工对现状表示不满的时候，埃里森是这样安抚员工的。

　　"激进的销售策略是我们之前成功的原因，也是如今走下坡的原因。我会及时调整销售策略，让我们的公司回到正轨上来。"这是甲骨文公司因为销售策略遭遇滑铁卢时埃里森所说的。

　　被称为"暴君"的管理者不在少数，乔布斯、马斯克都以管理手段强硬、不容他人置喙而知名。这样的管理手段没有阻碍他们成功，但这不代表他们在任何时候都是这样的，在有需要的时候，他们也会使用软话术。可见，软话术是管理者武器库中必备的，是团队团结、强大的必要手段。

　　那么，究竟该如何使用软话术呢？使用软话术，要透露出怎样的信息，才能化解员工的不满呢？

第一，直接给予肯定与鼓励。

人与人交际时，赞美他人是非常重要的一环。在工作场合，管理者的肯定与鼓励，能起到激励下属的作用。特别是在员工对现状不满时，他们会陷入情绪低落、沮丧、提不起干劲儿的状态。此时此刻，管理者的肯定与鼓励就像一针强心剂，能帮助员工重新振奋精神。

管理者的态度，也是软话术中重要的一环。说好话，意味着管理者承认员工的成绩，能将出现问题的原因归咎于自己，更能体现人文关怀。这既能化解员工的不满，又能提升团队的凝聚力。

第二，让员工看见更美好的愿景。

员工的不满往往来自现状的不如人意。既然现状无法改变，管理者只能改变员工的心态。成功意味着拥有更好的未来、更优厚的待遇、更好的生活。员工投入工作，除了理想与热情外，想要的不就是这些吗？

管理者要让员工看到更美好的愿景，但要注意，这个愿景可以属于整个团队，可以属于员工个人，唯独不能过度强调自己。一味地在愿景中强调自己的美好未来，无疑会激起员工更大的不满，好像员工拼命工作，最后好处都被管理者拿走一样。

第三，光"画饼"不能饱人，还要有一点实际的东西。

美好愿景并非空中楼阁，过去的管理者喜欢"画大饼"，擅长"画大饼"，让许多员工吃了亏。如今的员工，警惕性远胜于过去，单纯地"画饼"，只能起到相反的效果，让员工的感觉更加糟糕。因此，伴随美好愿景的，还要有一些真实、有效的东西。

完成项目后的假期，项目成功后的奖金，或是其他福利，这些都能有效化解员工的不满情绪。但这些东西是员工可以预期的，是他们应得的。拿这些东西出来，不会产生太好的效果。解决眼下的困难，虽然是管理者应该做的，但却更加有效。如为员工争取更多的时间，增派更多的人手，提供资源上的帮助，让项目顺利完成，同样能有效化解员工的不满。

员工有不满，就说明他们的诉求没有得到重视。管理者不应该认为自己的威信被冒犯了，反而应该用更温和的态度去对待。这不仅是化解员工不满的机会，同样能更进一步发现那些潜藏的问题。使用权力压制不满，最终爆发时，恐怕场面会很难看，管理者和员工都不好收场。

管理课

降服"刺儿头"下属的四大策略

深入了解：探究其行为背后的原因，理解其真实需求或不满。

沟通为先：主动沟通，倾听意见，展现开放和包容的态度。

树立权威：在关键时刻展现决断力和专业能力，让其认识到你的价值。

恩威并施：给予适当关怀和支持，在其越界时果断制止，保持管理的平衡。

把丑话说在前面，
让受罚者无话可说

事前说丑话，可以证明管理者有预见性与领导力。

事后说丑话，只能是冷嘲热讽与马后炮。

有意见，一定要当面讲、提前讲。

事前说丑话，是因为管理者预见了计划的不可行性。

放手让员工去做，则展现了管理者敢于试错的格局。

事后赏罚，证明了管理者公正无私，敢于担责。

不知者不罪，这句话在影视作品中经常出现，不仅能凸显管理者的大度，也说明了一个道理——如果有人不知道自己这样做是错的，那就是管理者的责任。

试想，如果员工在工作中出现了不符合规范，甚至完全错误的问题，原因是他根本不知道这样是不对的，你觉得员工会怎么想呢？被训斥几句还好，如果他因此受到较严重的处罚，内心肯定不服气。换位思考，你成为管理者以后，对于经常出现的问题，应该提前说明，对于一些看似的漏洞，要把丑话说在前面。到时候，有人犯错了，你可以说："我已经提前告知过了，对这个问题做了提醒。"即便对方不服气，旁观者也会认为你是公正的，员工受到处罚是理所应当的。

特别是在规则有空可钻，或者某些问题有前车之鉴的时候，把丑话说在前面，能起到防微杜渐的效果。

北宋时期的名将狄青，曾受朝廷命令，前往边疆平定叛乱。朝廷百官得知消息后，纷纷打算将家中不成器的子弟塞入军中"镀金"。文官这条路走不成，至少混点军功，将来也好运作。

于是，狄青出征前进行一番动员，不仅强调军纪面前人人平等，不管是谁，只要违反军纪都要被严惩。随后，又让将士签下军令状，明确了出征时应该遵守的规定、需要完成的任务，以及没能遵守时会遭受的处罚。

因为狄青将丑话说在了前头，大多数纨绔子弟知难而退，没能进入军营。狄青的出征，也因为军纪严明而获得大胜。

丑话说在前头，是有些管理者不愿意做的事情。不是因为他们想不到，而是觉得在员工尚未犯错之前就先说丑话，会有看轻对方能力、不信任对方的感觉。其实，丑话也有丑话的说法，不是什么时候都是僵硬和破坏氛围的。那么，有哪些把丑话说得好听的办法呢？

第一，不是警告，而是提醒。

没有人会永远不犯错。为了减少错误出现，在错误出现时能找到责任人，管理者有必要把丑话说在前面。

管理者说丑话时，态度要温和一些，让对方感受到的不是冷冰冰的警告，而是善意的提醒和帮助。当员工感觉自己是与管理者站在一起的时候，他们的心态也会发生变化。即便真的出了问题，员工也会将其归咎于自身，心甘情愿接受处罚。

第二，白纸黑字，永远不会有问题。

警告、处罚等让员工不愉快的东西，最怕的就是被当成管理者的个人行为。虽然结果相同，但出发点不同，影响完全不一样。只要有据可依，就说明管理者说的"丑话"不是为了刁难员工，而是需要他们注意可能出现的实际问题。

狄青是百战名将，在纨绔子弟想要加入军营的时候，他就已经知道他们是来"镀金"的。这些纨绔子弟文不成、武不就，不仅缺乏战斗力，还可能仗着家中的势力不服管教。出征以后，这些人根本不是助力，而是累赘。刀剑无眼，要是有闪失，恐怕还要怪在自己头上。因此，他把丑话说在前面，定好规则，避免后续的麻烦。

有些时候，规则不够详细，很难包括所有可能出现的问题。管理者要能扩展、延伸规则，否则就会被员工当成恶意刁难，受到处罚的时候也是一肚子不服气。这样，处罚的效果就难以达到了。

第三，面向的人多了，丑话带来的负面感受也就小了。

如果把团队比作家庭，管理者就应该是家长。受到处罚时，员工更不满意的是家长的"偏心"。单独对某个员工说"丑话"，会让员工产生被针对的感觉。

"为什么对我说，不对别人说呢？是不是对我有什么不满意的呢？还是看不起我？"这样的心态一旦出现，员工就很难再心平气和地看待与管理者的关系了。

想要让丑话不那么难听，不妨把丑话说给每个人听。如召开会议，在丑话说出来的时候，已经听过的人明白是说给没听过的人的，而没听过的人同样明白，还能察觉管理者这样做是为了顾全自己的面子。

人人都爱听好话，但说丑话却是管理者不得不做的工作。只有在前面说了丑话，才能保证处罚他人的时候有的放矢，让受罚者自愿接受。丑话还要说得好听。受罚者在无话可说的时候才不会产生太多的负面情绪，确保团队和谐。

管理混乱的后果

看似精英团队，实则各自为政。

工作堆积成山，行动涣散如沙。

报告长篇大论，实效微乎其微。

流程复杂烦琐，进展慢如蜗牛。

借口层出不穷，成果寥寥无几。

掌握良性冲突与恶性竞争的平衡艺术

上善似水，水善利万物而不争。

遇方则方，遇圆则圆，不争则有静。

于山川沟壑中蜿蜒而回响；

于菏泽泥藻中沉寂而无声。

无声而滋养万物，居善地，心善渊，

与善仁，言善信，政善治，事善能，动善时。

　　有人的地方就有江湖，即便在同一个团队里，不同性格、立场、能力的人，对一件事情的看法也会不一样。那么，究竟谁对谁错呢？按照谁的想法去执行呢？如果不能得出准确的结论，人们就会发生冲突。

　　出现冲突不可怕，有竞争才有动力，才有通过互相竞争提高能力的可能。但是，如果冲突不断升级，从良性冲突变成恶性竞争，那就不一样了。恶性竞争不是为了进步，只是为了分出胜负。单纯地为了分出胜负，竞争双方很有可能从比谁更好，变成比谁更差。双方不择手段，只是为了让明自己胜出。这样一来，最后蒙受损失的是团队，是管理者。

因此，管理者要学会平衡，控制良性冲突，避免恶性竞争，通过竞争让员工努力进步，团队越来越强大。

> 某日化公司有一支非常优秀的销售团队，合作亲密无间，敢打敢拼，很快就让产品冲出本市。他们还打算制订新的计划，去其他地方开拓市场。
>
> 在制订新计划的时候，销售团队的两个精英有了不同的意见。甲认为，应该趁着势头正盛，品牌名声传播最快的时候，趁热打铁，一鼓作气地抢占竞争对手最为强劲的地区。乙则认为，应该步步为营，先拿下周边地区，最后再面对最强的竞争对手。
>
> 面对两个都有道理的建议，管理者很难决定到底用哪一个。于是，他决定让甲、乙各自率领一部分团队成员，按照自己的想法开拓市场，自己再留一部分人手做支援。于是，甲、乙两人分别招募了新的人手，开始执行计划。
>
> 一段时间以后，甲、乙两人都没有取得理想中的成绩，但也颇具成效。最大的好处是，该公司拥有了三支优秀的销售团队。

不管是对内还是对外，团队都要有一定的竞争意识。只有保持竞争，才能不断向上，取得更高的成就。但恶性竞争是无意义的内耗，对团队没有任何帮助。这家日化公司的管理者解决问题的方法值得我们效仿。在这个过程中，他主要用了三个诀窍来化解冲突。

第一，不要强行压制冲突。

遇到员工发生冲突时，管理者往往会轻视冲突带来的影响，用权力强行压制。这样的做法无异于将脓包强行封口，导致毒血淤积体内无法排出，最终形成毒瘤，出现更大的问题。只有将其戳破，让冲突有合理的去处，人们才能瓦解病灶，真正解决问题。

第二，将"戾气"化为"力气"。

良性冲突也是冲突，避免不了"戾气"的出现。但是，如果能将"戾气"导向正确的地方，它反而会变成能力提升的动力。冲突的双方都认为自己更优秀，自己的想法更好，那么不妨让他们按照自己的想法行事，用事实说话，最后谁胜谁负一目了然。

想要使用这一窍门，管理者要选择可量化、可比较的方案。文无第一，武无第二，选择模棱两可的竞争项目，胜者固然欣喜，败者也是满腹不服气。如果没有合适的项目，管理者最好不要扮演仲裁者的角色，以免被质疑不公正。可以让团队其他成员形成评审小组，或者将考核交给更专业的人士去做，这样才能做到公平、公正。

第三，以胜利为共同目标。

不管双方冲突的原因是什么，冲突是否激烈，冲突双方和管理者都不应该忘记双方是一个团队，拥有共同的目标，一荣俱荣，一损俱损。只有牢记这一点，才能将冲突控制在良性范围内，将团队利益摆在第一位。

当阶段性的胜利出现后，双方的矛盾也可以告一段落，此时是管理者出面调解冲突、化干戈为玉帛的最好时机。此时双方心情正好，也会因胜利认为对方有可取之处，不妨营造一种惺惺相惜的氛围，等到下一个阶段再让双方较量一番。

既然冲突无法避免，管理者不妨将其变成管理工具，让它发挥积极作用，帮助团队力争上游。管理者甚至可以利用某些冲突，将其变成合理的奖励机制，既能激励员工士气，又能保证员工拥有竞争心。

恶性竞争是完全不能容忍的，一旦出现苗头，管理者就要彻底将其扼杀。管理者想要通过养蛊的方式培养好的团队是不可能的，有这种想法的管理者，最终只能被自己培养的毒虫反噬。

 管理课

基层管理者的六大挑战

权限小： 决策范围受限，常需上级审批，影响工作效率。

人难管： 团队成员多样，需求各异，管理难度大。

事太杂： 工作事务繁杂，需细致处理，易耗费精力。

问题多： 突发状况频繁，需快速应对，考验应变能力。

任务重： 工作量大，时间紧迫，需高效完成任务。

要求高： 质量标准严，期望高，需不断提升自我。

制造"内卷"，
是骡子是马拉出来遛遛

你不狠心让团队"卷"起来，团队只会被市场"卷"死。

制造"内卷"前，管理者必须清楚什么是有效内耗。

无效内耗，只会耗尽团队的潜力、动力。

有效内耗，则是在榨干团队的懒惰、低效。

命中员工痛点，抓住团队弱点，让公司快速前进。

"内卷"一词的火爆与现代人的生活状态是分不开的。有人厌恶"内卷"，认为"内卷"是在逼迫所有人一起辛苦；有人则喜欢"内卷"，认为只有自己"卷"起来，才能改变现状，拥有更好的前途。

管理者对"内卷"应该有不同的看法。员工的能力，不是单凭肉眼就能看出来的，也不是凭着一两次的成绩就能见高下的。只有经过高强度、长时间的考验，你才能分清楚谁是奇花，谁是野草。因此，制造"内卷"对于管理者来说，有着很多好处。

"内卷"可以帮助管理者找到更有能力的人才，谁更有本事，的确是见了真章，也能让团队水平获得提高。既然"内卷"有如此多的好处，管理者就应该人为地制造"内卷"，让"内卷"成为帮助团队成长的办法。

但是，"内卷"是把双刃剑。用好了，能提升团队能力，用不好，则会天怒人怨，管理者也会失去员工的拥护。

某公司为了提高员工的工作效率，真是煞费苦心，竟然对员工的如厕时间做起了具体规定。他们引进了一套"高科技"设备，在卫生间的门上安装有计时功能的设备，从人进去关上门的那一刻起，它就开始无情地计时。5分钟后，门就会自动打开，仿佛在催促："时间到了，该出来了！"如果人不出来，门就一直敞开着，还伴随刺耳的提示声，好像在无情地嘲笑："看看，超时了吧！"

这样的措施，让员工们哭笑不得。他们纷纷表示，这简直太不尊重人了！如厕这么私密的事情，也要被公司严格控制吗？

然而，老板却振振有词地说："我这是为了大家好！我专门找专家咨询过，他们说如厕控制在5分钟之内是最佳状态，时间长了，反而对健康不利。"

听到这样的解释，员工们更是哭笑不得。他们心想："上厕所5分钟，回到工位上，心里得骂老板50分钟，这样真的能提高工作效率吗？我们表示严重怀疑！"

看来，这家公司"提高效率"之路，还真的是任重而道远！"卷"成这样，就成了过度管理，会大大降低员工的自主性、创造力和工作满意度。管理者在促成、制造"内卷"的时候，要遵循以下几点原则。

第一，自发"内卷"，也要有相应的回报。

"内卷"其实如同加班一样，员工之所以讨厌，是因为它没有足够的回报。拼命提高自己的能力，努力成为最好的员工，不仅花费了时间，可能还要在"充电"过程中产生不小的开销。结果，升职、加薪，什么都没有。这样的"内卷"，只是单纯地让管理者获得了好处。明知道会这样还要"内卷"的员工，也不可避免地被扣上"工贼"的帽子。

只有让"内卷"的人有足够的收益，才能保证"内卷"继续下去。胜者得到的多，败者也要有"鼓励奖"。因为如果只要"卷"不到第一，就没有收益，员工会认为还不如"躺平"算了，还能省下不少力气。

第二，制造"内卷"，也要有休息的时间。

再强韧的机器，也会有磨损，磨损得多了，就会崩坏。到时候，即便进行修复，也恢复不到原来的样子了。人也是一样，如果总是"内卷"，一直紧绷神经，高强度作业，那么当神经线崩断的时候，他就可能再也难以扬起斗志了。

因此，管理者在制造"内卷"的时候，要将三个阶段作为一个周期，如一段时间的高强度竞争、一段时间的考核，再加上一段时间的休息，这样才能产生最好的效果。

第三，制造"内卷"，也要名正言顺。

没有人愿意无缘无故地与他人竞争，特别是需要花费大量时间与精力的竞争。管理者单纯想要"内卷"，员工只会觉得管理者的做法是在轻视员工。因此，制造"内卷"，管理者必须找到合适的理由，或许是一个职位，或许是一些奖励，或许是一个难得的机会。管理者给出的理由不合适，只能遭到员工的排斥，只有理由合适，员工才会真的"卷"起来。

作为管理者，我们自然希望团队做大做强，制造"内卷"则是加速团队成长的途径之一。但是双刃剑也会割伤自己，在操作错误的情况下，它反而会削弱团队的力量，降低员工对管理者的信任。因此，制造"内卷"之前，管理者一定要制订完善、周密的计划。合适的理由、科学的周期，以及有吸引力的奖励，缺一不可。

 管理课

领导喜欢提拔哪些员工

对工作热情度高的员工。

对公司忠诚度高的员工。

业绩好、结果好的员工。

人品好、态度好的员工。

主动性强、责任心强的员工。

能力强、创造力强的员工。

赶着员工跑是技术，
让员工主动跑是艺术

当你逼员工奋斗时，团队就已经开始走下坡路了。

世人慌慌张张，不过图碎银几两。

员工出来打拼，不愿意奋斗，是因为看不到未来。

这时管理者必须拿出高明手段，激发员工的核心驱动力。

　　能否驱动员工发挥最大效能，一直是考验管理者能力高低的基本项目。许多管理者让员工发挥自身效能，是靠一个"赶"字。劳心劳力尚且不论，靠"赶"只能在团队规模不大、人数不多的时候进行。一旦团队扩大，管理者即便呕心沥血，也难以面面俱到，让员工都能跑起来。因此，让员工主动跑，才是管理者应该具备的能力。

　　为什么靠"赶"不能提升员工的主观能动性呢？从本质上说，制定规章制度，建立奖惩机制，都是"赶"的技术。这些技术只能保证员工奔跑的下限，是最低标准。管理者依赖这些东西，团队的发展速度不会太快，在条条框框内虽不会出现太大的错误，但很难有出乎意料的成绩。从长期来看，这些东西会让员工产生依赖性，不能突破自己的上限。

赶着员工跑，容易让员工产生抵触情绪。泥人也有三分火性，没有人愿意总是被人命令。久而久之，员工会对管理者产生负面看法，降低对团队的忠诚度，归属感逐渐削弱。

让员工主动跑是一种管理的艺术，它能够激发员工的内在动力，让员工自发、积极地投入工作。管理者操作得当，会让团队拥有独特的气质和强大的战斗力。

岳飞之所以能成为南宋历史上为数不多的名将，主要就是因为他治军有方，打造出了一支英勇善战、纪律严明的"岳家军"。岳飞治军的窍门，后人总结出六条：贵精不贵多，谨训习，赏罚公正，号令严明，严肃纪律，同甘苦。

在战斗中，岳飞总是身先士卒，冲锋在前，为士兵树立榜样。他还经常与士兵同吃同住，了解他们的需求和困难，并及时给予帮助和支持。这种亲密无间的战友情谊让士兵深感温暖和鼓舞。岳飞还注重培养士兵的自主努力精神。他鼓励士兵勇于担当、主动作为，在战斗中发挥个人特长和创造力。

我们要管理的不是军队，但也要冲锋陷阵，在商场中搏杀。岳飞治军的方法虽不完全适用于现代企业管理之中，但也可以总结出以下几点，让员工主动跑起来。

第一，帮助员工成长，给予员工成长的空间。

人是有惯性的，当能力遭遇瓶颈后，上进心会逐渐消失。人有多大胆，地有多大产，显然并不十分科学，但要是将胆量换成能力，就相匹配了。

为员工提供成长的机会与空间，让员工拥有更强的能力，员工自然会寻找发挥的空间。如果没有足够的发挥空间，自己去开拓也不是不可能。没有人会甘心看着自己的能力被白白浪费，只要还有更大的能力，即便管理者不赶，员工自己也会跑起来。

第二，创设气氛积极的环境。

环境对人的影响非常巨大。特别是心态上的影响，有些时候甚至能够扭转个人意志。在热闹的环境之中，即便面色平静的人，内心也难免有波澜。在安静的环境里，即便性格活泼的人，也不敢轻易喧哗。

如果团队的氛围是积极向上的，即便新加入的员工，也会受到影响，主动奔跑。如果环境氛围是压抑的、紧张的，或者是得过且过的，那么再积极的员工，要不了多久也会被环境同化。

第三，管理者要以身作则。

榜样的力量是无穷的，团队的气质往往是管理者个人气质的体现。如果管理者积极乐观，能够主动发现问题、解决问题，员工也会效仿管理者的做法，发挥主观能动性。如果管理者非常被动，等着员工发现问题、出主意，自己只当个演讲家和"人形印章"，员工自然难以跑起来。

团队越大，人数越多，问题越复杂，靠管理者赶着员工跑，越难以发挥效用。想要让员工自己跑，管理者就要先转变观念，把赶着员工跑，变成让员工自己跑。但是，如果之前一直用赶的方式，在转变过程中，管理者的引导是必不可少的。

管理者必须把赶着员工跑变成引导着他们跑，这样形成一定惯性后，员工才能自己跑起来。因此，管理者要通过各种方式，不断激发员工的积极性和创造力，提高管理效能。

📘 管理课

你是几流领导

末流领导：自己辛苦干，员工和你对着干。

五流领导：自己卖力干，员工整天没事干。

四流领导：自己努力干，员工跟你一起干。

三流领导：自己轻松干，员工主动努力干。

二流领导：自己不用干，员工拼命卖力干。

一流领导：自己无须干，员工快乐拼命干。

第 七 章

加强沟通：

动动嘴皮子，
管理效果立竿见影

掌握基本的管理沟通术，是合格管理者的入门技能，但要成为优秀的管理者，就需要掌握进阶沟通术。

要把沟通当成管理的血管：沟通好，团队健康；沟通不畅，团队就会出现"血栓"，任由"血栓"生长的话，最后会堵塞血管，轻则"中风"，重则"脑梗"。如何清除"血栓"，是管理者始终关注的管理要点。

管理者语言三要素：
声音大、语速慢、条理清

没有自信的管理者，说话永远细声细语

丧失定力的管理者，说话永远语无伦次。

缺乏能力的管理者，说话永远杂乱无章。

语言就是管理的第一张脸！

不会说话、不懂语言的管理者，别人凭什么相信你能带好团队？

管理者的主要工作是利用自己长远的目光和良好的协调能力，让团队成员各司其职，做正确的事情。这就离不开良好的沟通能力。沟通，就要使用语言，好的管理者通过语言就能让团队井井有条地运作起来。

好的语言传递、沟通，是准确无误地让员工马上明白管理者的意思，并顺利执行。一些失败的团队，往往存在管理者传递了错误信息的问题，导致员工做出错误判断，最后毁掉一个项目。那么，一个好的管理者，应该怎样使用语言呢？

第一，声音大。

想要准确传递信息，那就必须让人把话听清楚。要是连听都听不清楚，他又如何能准确接收指令、执行命令呢？因为声音小，没有听清楚，还可以再次询问，要是出现漏听、错听的情况，只能等管理者发现执行出了问题，才能扭转局势。

声音大，不仅是准确传递信息的基础，更是管理者个人状态的体现。声音大，意味着有自信、有底气、充满力量。如果声音小，会让人产生管理者底气不足，或者给员工留下畏畏缩缩的印象。

> 微软前首席执行官史蒂夫·鲍尔默以其激情四溢的演讲风格而闻名。他的演讲总是充满活力和热情，能够深深地感染听众。他擅长用生动的语言和有力的肢体语言来表达自己的观点，使得每一次演讲都充满说服力和感染力。无论是在大型会议还是小型聚会上，史蒂夫·鲍尔默都能够以他独特的演讲风格吸引众人的目光，让人们为他的演讲所动容。

第二，语速慢。

人的大脑接收、处理信息是需要时间的，如果没有足够的时间，它就不能很好地理解所听到的语言的内容。若是硬要将信息记下来再理解，不仅花费的时间更多，效果也会大打折扣。

好的管理者，应该学会用较慢的语速发出指令，让接收者明白自己的意思，能跟上自己的思路。这样有助于信息的消化、理解，也更容易分解其中较为复杂的内容。

华为创始人任正非在公开发言时，以沉稳、缓慢的语速著称。他讲话时通常语气平静，表达非常克制，且深思熟虑。他在表达重要观点时，往往喜欢慢下来，确保信息传递的准确性和深度。这与他在企业管理中的审慎风格一致。

语速慢还有一个好处，就是更容易控制语调。任何指令都包括有效信息和无效信息，无效信息主要起语言连接的作用，让发言保持通顺，有效信息则是需要对方理解的主要内容。使用较慢的语速，管理者可以明确要将重点放在哪些地方，让接收者明白哪些是更重要、更需要关注的内容，这样在消化信息的时候，就能抓住重点，更好地完成指令。

第三，条理清。

管理者发布任务的时候，往往会讲解一些相对复杂的流程。如果讲解缺少条理，那么员工在理解的时候，就会缺少连贯性。

例如，管理者想到哪里就说到哪里，员工在执行时，对于工作流程的先后顺序就很容易出现错误认知。

管理者说话越是条理清晰，团队在运作的时候就越是井井有条。如果条理不清晰，团队成员在工作的时候很容易出现负责的领域交叉、重复，进而发生冲突的情况。

无论是日常交流还是职场沟通，条理清晰的语言都能让人迅速理解你的意图，避免误解和浪费时间。

某知名主持人的主持风格以思路清晰、逻辑严谨著称。他总能在复杂的议题中抓住核心，以简洁的语言传达出重点。在某档节目中，他经常面对法律领域的专业术语和复杂案件，但他能够用通俗易懂的方式，将原本晦涩难懂的内容解释得明明白白。每当讲解一个案件，他总会先简要概述背景，然后层层递进，逐步揭示案件的关键点，最后得出结论，让观众清晰明了地理解案件的整个过程。

这种条理清晰的表达，不仅仅是为了准确传达信息，更体现了对听众的尊重。

通过逻辑分明的陈述，这名主持人能够有效引导观众的思维，使人们在短时间内获得大量的信息。

声音大、语速慢、条理清三个要素在提高管理者语言表达效果方面起着举足轻重的作用。

作为管理者，我们应该充分认识到这些要素的重要性，并在实际工作中不断实践和提高自己的语言技巧。通过洪亮而自信的声音、适中的语速，以及清晰、有条理的表达，我们可以更好地与团队成员沟通，顺利推进工作。这些技巧也有助于我们树立良好的管理形象，赢得团队的尊重和信任。

 管理课 · · · · · · · · · ·

管理者一定要懂的"仪态管理"

眼神不闪躲，目光坚定。

临时不慌乱，处变不惊。

细节要到位，一丝不苟。

腰板需挺直，昂扬正气。

挫败不垂头，姿态拿捏。

露怯不脸红，从容淡定。

讲话不怯场，胸有成竹。

听不懂我的意思？
那我讲个故事吧

沟通就是在共情，共情才能共赢！

共情必须打动人。

打动人，需要接地气的人物、曲折的情节、精辟的道理。

你苦口婆心的话做不到，但故事能做到。

会讲故事的管理者，不仅能带好团队，还能引领市场。

能够听懂和能被说服是完全不同的意思。很多管理者已经把话说得很明白了，员工却还是难以按照正确的方式做事，这不是因为他们没有听懂管理者说的是什么，而是因为没有被说服，甚至根本不相信管理者说的话。

那么，说服员工最简单的方式是什么呢？员工不能理解，主要的原因是他们不能感同身受。有些人是不撞南墙不回头，但是撞了南墙，团队就会遭受损失，多走不少弯路。只有采取其他方式，才能让员工能深刻地理解管理者的话。

另外，沟通时的感受也是非常重要的。如果只是公事公办，干巴巴地谈话，员工就很难被管理者的语言所感染。这样的谈话缺少亲切感，员工与管理者之间即便有私交，一板一眼地对答也会有隔阂。员工即便能听懂管理者的话，也未必能领会其中的意思。

那么，说服员工最简单的方式是什么呢？综合前两点来说，就是讲故事。

晚年的汉武帝痴迷于长生不老，对方士和"仙道"推崇备至，朝臣屡劝不止。为了让汉武帝迷途知返，东方朔想出了一个巧妙的计策。

他告诉汉武帝，人间药物无法使人长生，唯有天庭之药才能实现这一目标。当汉武帝询问如何能求得天庭之药时，东方朔自信地表示他能够前往天庭取药。虽然汉武帝心知这是东方朔的夸大之词，但他还是想看看东方朔到底有何打算，于是命令他与一名方士共同前往天庭取药。

离开长安后，东方朔并未急于求药，反而与朋友们饮酒作乐，尽享人生。随行的方士虽着急，却也无计可施。直到最后期限将近，东方朔才编造了一个与天庭使者相遇，并"带回"了所谓的天庭之药的故事。

当被汉武帝质问时，东方朔不仅未显慌张，反而描述了他在天庭的"经历"。他声称天帝询问人间百姓的衣着，他回答是"虫皮"，并进一步解释这种"虫皮"五彩斑斓，如虎皮般美丽。这一番话让汉武帝心生疑惑，东方朔则趁机揭示了他的真正目的：劝诫汉武帝不要再被方士的谎言所蒙蔽。

汉武帝听后恍然大悟，明白了东方朔的良苦用心。他称赞东方朔说得好，并意识到自己被方士所骗。

讲故事在沟通中的效果远比平铺直叙交代任务来得更好，但要求管理者在短时间内变成故事大王也不现实。在讲故事的过程中，管理者只要抓住以下几个要点，就能达成目的。

第一，故事的主题内容与当前状况明显相关。

我们讲故事的主要目标是要让员工有更加深刻的感触，如果道理是对的，但在内容上毫不相干，员工也不会有很深的感触。因此，寻找故事的时候，一定要与当前状况类似。

实在找不到，也可以通过掰开揉碎的方式来讲，即说一段故事，再加入一段现实状况和道理。两相融合，相信员工也能加深理解。

第二，故事要有生动的情节和丰富的细节。

一个好的故事，必须有生动的情节和丰富的细节。如果缺少生动的情节，那就无法调动员工的情绪。员工的情绪调动不起来，让他们感同身受的难度就会大大增加。

如果故事没有足够的细节，那就很容易被认为是虚假的，是捏造的，不仅不能打动员工，反而会失去员工的信任。添加丰富的细节，故事才更有真实性，其中的道理也才更有可信度。

第三，故事要讲得明白，道理要说得清楚。

我们讲故事，是为了让员工能懂我们的意思，而不是显得自己高深莫测。很多管理者把讲故事当成自己表演的舞台，为了展现自己的品位，凸显神秘感，把故事变成猜谜语。这样做固然能塑造出高人的形象，但对于沟通来说，是没有意义的。

上级故意用模棱两可、语焉不详的故事来点拨下属，这在现实中是绝对不可取的。故事一定要讲得明白，甚至要详细讲述细节，把道理内化到员工的脑子里，才能达成目的。

通过讲故事的方式让员工理解你的意思，是一种非常有效的管理方法。它不仅可以帮助管理者更好地传达自己的意图和理念，还可以增强与员工之间的情感联系和信任感。在实际应用中，管理者可以结合具体情况选择合适的故事主题和内容，注重故事情节和细节的描述，运用简洁明了的语言进行讲述。相信通过这种方式，管理者可以更加轻松地与员工沟通和交流。

 管理课

体现企业综合实力的三个方面

短期看收益，衡量企业的盈利能力；

中期看成长，评估企业的发展潜力；

长期看安全，确保企业的稳健前行。

让团队安心，你的地位才会稳固

管理者要爱兵如子，愿与其共赴深涧！

遇到困难，你不冲锋在前，凭什么指望下属前仆后继？

担得起责任，挑得起大梁，这才是有担当的管理者。

你要让下属时刻看到你的背影。

你愿意为他们遮风挡雨，他们自然甘心为你赴汤蹈火。

　　管理者是团队的领袖，这个位置是凭借个人努力，以及能力、才智获得的，既不是什么铁饭碗，更不是封建王朝世袭的官位。如果能带领团队不断发展，让团队有更好的未来，管理者的位子自然坐得稳固。要是让团队成员看不见希望，自然会有人想要取而代之。即便管理者是最高级别的领袖，在团队危机重重、丝毫看不见未来的时候，团队成员只能作鸟兽散。团队都没有了，管理者还有什么地位可言呢？

　　想要保住自己的地位，管理者必须先让团队保住地位，为员工创设一个安心发展的环境。

　　SpaceX 的创始人埃隆·马斯克在数次火箭发射失败后，曾对员工说："请大家再努力尝试，我会为你们提供一切支持，大不了破产之后，我搬去岳母家的地下室住。"

　　这句话表达出管理者愿意为团队提供支持，一直到自己无以为继。这样的保证，能让团队中的每个人觉得安心。

从上述的例子中，我们不难总结出以下几个要点。只要抓住这些要点，就能把话说得让员工安心，从而保住自己的地位。

第一，在团队遇到阻碍的时候，管理者要给予支持。

人生中，不如意事常八九，特别是走在成功的路上，不可能遇不到阻碍。当遇到了阻碍，路线与计划相悖，需要花费更多的资源时，你会怎么办？管理者的态度就显得非常重要了。

如果管理者愿意许诺，给予团队更多的支持，即便只是许诺，团队也会安心做事，士气高涨。这时候，管理者的地位显然就能稳固。要是管理者不能斩钉截铁地表示支持团队，表现得畏首畏尾，甚至有了退缩的想法，团队员工也会陷入惶惶不安之中，此时别说冲锋陷阵了，找到自保的办法才是最重要的。

第二，愿意与团队共进退。

团队计划是谁制订的？是管理者。目标是谁确定的？是管理者。管理者也是团队中的一员，当团队大获成功的时候，他会分走一块最大的"蛋糕"。那么，当团队遭遇失败的时候呢？管理者自然应该与团队共进退。

要是管理者在有好处的时候就勇往直前，在出现问题的时候把责任推给其他人，这样如何能得到人心呢？团队本就是一体的，荣辱与每个人息息相关。不论管理者如何想要撇清关系，都难以做到。与其落个坏名声，不如表示与团队共进退，反而能让团队安心做事。

管理者害怕承担责任，员工就会抱着"不求有功，但求无过"的想法做事。只有管理者愿意与团队共进退，员工才不会束手束脚，才能发挥自己的创造力。要是管理者愿意主动承担责任，愿意为失败负责，就能得到更多员工的拥戴。

第三，阐述团队的包容性。

一样米养百样人，人不相同，对事情的看法、想法，以及做事的办法也会不一样。团队应该有包容性，只要能力足够，品行好，就应该允许员工有独特的地方。要求团队中的每个人都一模一样，显然是不可能的。越是严加控制，就越会遭到反弹。

强调团队的包容性，才能让那些与众不同的人安心，让整个团队安心。或许这些与众不同，正是团队有所突破的契机。团队员工安心，有更好的发展前景，管理者的地位才能安全。

管理者合适的语言和行为对于团队的稳定和士气的提升有着至关重要的影响。

只有通过合适的语言让团队员工感到安心，管理者才能激发团队成员的潜力和创造力，推动团队不断向前发展。只有团队能够安心发展，管理者的地位才能稳固。因此，管理者需要不断学习如何运用语言激励和稳定团队，为团队创造业绩和地位稳固打下坚实的基础。

 管理课

奖惩制度，重在公允

罚错一个人，可能只得罪一个人；

奖错一个人，却可能得罪所有人。

因此，奖惩需谨慎、公正方能服众。

一分钟批评：
如何使负向输出变成正向反馈

批评不是目的，更不是让你发泄负面情绪。

批，是指出员工的不足，给出有建设性的改进意见。

评，是肯定员工的付出，并为其规划未来的工作蓝图。

抓不住批评的重点，再多的激励与肯定，只会让员工油盐不进。

管理者与员工沟通，就是为了获得正向反馈，提高员工工作的积极性和效率。如何做到这一点，是让很多管理者头疼的问题。有些管理者觉得自己好话已经说尽，奖励已经提前准备好了，但还是有员工油盐不进，出于各种各样的原因没有动力，缺乏积极性。

日本管理学、教育学中有一种理论，那就是有人更喜欢接受鼓励，只有获得不断地鼓励才能提高积极性，持续进步。还有一些人对鼓励不太在意，对批评更加敏感。适当、合理、有技巧地进行批评，反而能让他们做出正面反馈，达成批评者的目标。

富兰克林·罗斯福是美国任期最长的总统。他带领美国走出大萧条，更是在二战中做出了正确决定，为世界反法西斯事业做出巨大的贡献。

罗斯福在成为总统之前先是担任纽约州州长。在他被推举为候选人的时候，反对党已经放出话来，要针对罗斯福。这位美国历史上成就最为斐然的总统之一，居然因为害怕打算退出选举。

民主党领袖伯拉德认为罗斯福不应该退缩，但百般鼓励都没有效果，于是就对罗斯福说："难道圣巨恩山的英雄就是这么软弱的人吗？"罗斯福为了证明自己并不软弱挺身而出，在大选中脱颖而出。

将负向输出变成正向反馈的例子，在我国古代也屡见不鲜，激将法更是闻名遐迩。人人都知道激将法能通过批评换来正向反馈，但却不是谁都能用好的。想要用好激将法，实现从负向付出到正向反馈的目标，管理者需要做些什么呢？

第一，对你的员工要有足够的了解。

在同一个团队里，大家有相近的能力、相同的目标，但却未必有相同的三观。对一个人，这样的说法可能非常有效，但对另外一个人，可能就完全起不到效果。只有了解对方的价值观，才能一针见血，真正发挥作用。

了解员工除了能准确命中目标外，还能保持人际关系上的和谐。批评员工，是为了员工变得更好，能为团队做出更大的贡献，一旦操作不当，就容易过界。过界会让批评变成羞辱，让员工与管理者之间产生裂痕。即便事后管理者将问题解释清楚，员工也能明白管理者的初心，但是裂痕没有那么快弥合。对于抱着好心的管理者来说，是得不偿失的。

第二，批评要选对场合。

有些管理者认为，批评一个人要选择在公开场合进行，这样才能让被批评者印象深刻。问题不能一概而论，如果目的是给员工一个深刻的教训，甚至消灭对方的气焰，大可选择在公开场合，这样才能起到效果。如果目的是让员工给出正向反馈，则可以私下进行。

员工能给出的正向反馈，主要是积极性，而积极性建立在自信心之上。一个全无自信的人，觉得自己什么都做不到、做不好，要怎样产生积极性去做事呢？除非是给团队添乱。

公开批评，有极大可能会让员工的自信心受损。这样的结果与我们的初衷南辕北辙，只会让情况越来越糟糕。因此，管理者希望员工在被批评后给出正向反馈，一定要在私下进行。

第三，正向反馈是互相的。

园丁对于自己播撒的种子会悉心照料，管理者也应该有园丁一样的耐心和细心。批评员工也是培养员工的过程，在员工给出部分正向反馈的同时，管理者也应给员工正向反馈。

例如，当员工有了进步以后，适当的奖励和赞扬能让员工迸发出更大的动力。在员工遇到困难的时候，支持和鼓励能让员工在改变自己的道路上坚持下去。

如果管理者当甩手掌柜，一切听天由命，就如同将种子随意播撒，生死全看天意。这样的种子或许茁壮成长，或许销声匿迹，或许长成妨碍其他作物生长的杂草。

管理者做的一切，包括批评，都是为了获得员工的正向反馈。选择将批评作为手段，就要做到小心谨慎、张弛有度。任何反向操作的计划，都有可能出现意料之外的状况。除非迫不得已，尽量不要使用这样的方式。如果一定要用，也要想好后备方案，以便应对可能出现的意外。

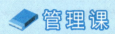 管理课

谈判桌上的"五大策略"

知己知彼：深入了解对方需求，明确自身底线。

目标明确：清晰界定谈判目标，不偏离主题。

灵活应变：根据谈判进展灵活调整策略。

有效沟通：清晰表达，倾听对方，寻求共识。

双赢思维：寻求双方都能接受的解决方案。

一分钟表扬：
如何让口头激励形成增强回路

表扬需要对症下药。

大多数管理者的口头表扬太过廉价，只会激起员工的逆反心理。

可贵的口头表扬需要稳、准、狠，直击员工的感情与需求痛点。

口头激励几乎是所有管理者非常喜欢的方式。这种方式优点多多，可以随时随地使用，不需要付出多少成本。但是对于员工来说，这样的激励方式作用不大。最初几次听到管理者进行口头激励的时候，员工或许会觉得自己得到了认可。听得多了，他们就觉得这些话没有实际意义，也没有价值。如果管理者动不动就许诺，还会被员工认为你在"画大饼"。

口头激励的优点很多，贸然放弃显然是不合适的。管理者不如加入一些技巧，让其形成增强回路。

二战时期，美国著名将领乔治·巴顿以拥有精准激励士兵的能力而闻名。在诺曼底战役前的参谋会议上，巴顿对将士们说："你们已完成了杰出的工作，我为你们感到自豪。但现在，我要你们有所作为，不仅要防守，更要主动出击，让敌人闻风丧胆！"这番激励的话语让士兵们士气大增。士兵们在接下来的战役中表现出极高的战斗意志和战斗力。

苹果公司的创始人乔布斯以对产品的极致追求和对团队的激励能力而著称。乔布斯在团队会议上常说："我们的目标是做出最棒的产品，让世界为之惊叹。我知道你们很累，但记住，只有我们能做到这一点！"这样的话语激发了团队成员的斗志和创新精神。苹果团队在乔布斯的激励下，不断推出革命性的产品，改变了世界。

想要让口头激励拥有更好的效果，形成增强回路，管理者可以运用以下几种技巧。

第一，未来不会太近，但也不能太远。清晰、真实，才是看得清的未来。

很多管理者会利用未来美好的愿景激励员工，并不是抱着开"空头支票"、画吃不到的"大饼"这种心态。因为美好的愿景实现时，管理者获得的比员工更多。对于奉上"大饼"、签下"支票"这样的事情，他们简直是求之不得。但是美好的愿景并不容易实现，这应该是管理者和团队共同奋斗的目标，是理想中的未来。

相比遥远的东西，眼前的利益更加实际。不管未来被描绘得多么美丽，能有多么丰厚的收益，在没有实现的情况下，就都是空谈。口头激励被员工当作廉价而无用的东西，原因就在这里。如果能改变一下，管理者和员工谈的是几个星期、几个月后的事情，谈项目结束后的奖金，谈年终奖，势必会增强效果。

第二，口头激励带动互相激励，形成增强回路。

如果口头激励只是偶尔出现，或许会更有效果。但是作为一项低成本的工具，管理者必然会经常使用。正是因为出现的频率过高，它的效果才会大大降低。如果反其道而行之，会出现怎样的效果呢？如果不仅是管理者一个人在做口头激励，而是所有人都在彼此激励，创设出一个持续激励的环境，结果如何呢？

持续激励的环境一旦形成，就意味着所有人都会将激励这件事情放在心上，包括管理者、其他有领导权的成员，以及普通人。员工处在这种环境里，自然会产生更多的积极性，团队氛围也会变得积极向上。当然，这样的激励要伴随时不时出现的物质奖励。物质奖励不必太多，哪怕只是请大家喝下午茶，激励环境就能持续发挥作用。

第三，激励要与期望相符，与目标相符。

口头激励变得越来越不可信，往往与管理者给的激励不合时宜有关。举个例子，你找朋友帮忙，说周末请他吃个饭。不管朋友会不会帮忙，有没有时间伸出援手，他都不会认为你做出的承诺"周末请吃饭"这件事情是假的。但你要是说帮帮忙，回头给你两万元酬劳，朋友一定会觉得你在说胡话。

口头激励员工也有相似之处。一件小事，管理者给的承诺太多，显然是不打算兑现的。员工明知道承诺无法兑现，自然就不会产生积极性了。单纯地夸赞也是如此，员工做好了一件小事，给他的夸赞应该是符合这件小事的。如果管理者夸张地表示该员工就是公司的顶梁柱，是公司的明日之星，员工也会觉得这样的激励太过浮夸，根本不是真心话。

总之，口头激励可以用，也可以经常用，但要掌握一些技巧。使用得当，就能形成促使员工奋发向上的增强回路；使用不好，即便员工不会与管理者产生嫌隙，也会觉得管理者讲话浮夸，热衷于耍嘴皮子，可以适当交往，但不能托付大事。产生这样的印象后，平时团队关系会是融洽的，一旦团队出现危机，员工执行管理者指令的动力就会大打折扣。

管理课

六度管理

沟通有温度——言谈举止，不急不躁。

做事有力度——大事小情，自在拿捏。

对错有态度——是非对错，眼看分明。

反馈有准度——向上沟通，直击要害。

逆境有风度——遇事不慌，遇难不怵。

分析有角度——独特视角，紧抓重点。

一分钟安抚：
你的委屈，其实我都懂

将心比心，才能以心换心。

收揽人心，要"乘虚而入"。

员工情绪低落时，管理者必须跟他站在一起。

换位思考，然后设身处地。

世界上没有不能被招揽的人才，只有被管理者放跑的时机。

人是有感情的，有好的，就会有不好的。陷入糟糕的情绪时，他需要一个更有说服力的人帮助他排解这种糟糕的情绪。在家庭中，扮演此类角色的是家长。在校园里，扮演此类角色的人是老师。到了职场上，团队中承担这项责任的就是管理者了。毕竟在工作场合表现出的委屈，往往与工作相关。

"你的委屈，其实我都懂"，这不仅仅是一句空洞的安慰，更是管理者对员工真挚的关怀与理解的体现。在日常工作中，员工会遇到种种不公，或是努力未被看见，或是遭受误解，或是承担了不应承担的责任。

这些时候，他们需要的不仅仅是一个解释或者道歉，更需要的是来自上级的理解与支持。

作为管理者，我们应该学会倾听员工的诉求，用心感受他们的委屈。当我们真诚地去倾听、去理解时，员工会感受到被重视和被关心，这对于缓解他们的委屈情绪至关重要。我们也要学会换位思考，站在员工的角度理解问题，这样才能更加准确地把握他们的心理和需求。

秦穆公曾丢失了一匹喜爱的骏马，派出人手四处寻找。后来得知，那匹骏马被生活在岐山之下的三百多个乡下人捉到并吃掉了。

官吏抓到这些人后，准备严惩。然而，这些人却觉得非常委屈。他们是淳朴的乡下人，只知道有一匹马送上门来可以吃肉，哪里知道这匹马是秦穆公的呢？

秦穆公得知情况后说："有德有才的人不因为畜生而杀人。我听说吃马肉不喝酒会伤及身体。"于是，他不仅赦免了他们，还赐酒给他们饮用。

后来，当秦穆公攻打晋国时，在战场上陷入困境。这时，那些曾吃掉他的骏马的三百余人都奋力死战，以此报答秦穆公的恩德。结果，秦穆公不但解了围，还抓了晋惠公回来。

当然，仅仅理解员工的委屈是不够的，我们还需要采取实际行动安抚他们的情绪。只要做好以下几点，我们就能在短时间内稳定员工的情绪。

第一，选择谈话地点时要格外注意。

人的情绪非常神奇，常常会受到各种各样的因素的影响。当人感到委屈，情绪低落，甚至产生惶恐的时候，最需要的就是安全感。如同世界各国的警察，遇到案件受害者的时候，总是准备热饮、毛毯等，就是要先让对方的情绪稳定下来。因此，安抚员工情绪的时候，要尽量选一个能带给员工安全感的地方。

那么，什么样的地方能给人安全感呢？简单来说，就是温暖的、紧凑的、没有太多人的地方。温暖的重要性无须多言。紧凑的空间相比广阔的空间，能给人更多的安全感，因为人在感受委屈、情绪紧张的时候，会担心被再次伤害。虽然这种恐惧毫无来由，但紧凑的空间能让他们有被保护的感觉，即便有人出入，也会因为空间紧凑而第一时间被发现。

没有过多的人也是很重要的。人们不愿意向太多的人诉说自己的委屈，即便同一个团队中的同事。毕竟展露自己的委屈是脆弱的表现，也在某种程度上承认了自己的弱小。所以，知道的人越少越好。

第二，语气要温和，态度要坚定。

将自己的委屈说出来，除了有化解情绪的作用外，还有为自己寻找帮手、依靠的意味。诉说者或许未能意识到这一点，实际上内心隐藏着这样的渴望。管理者在安抚员工情绪的时候，要尽量使用温和的语气。语气严肃显得不近人情，语气强硬则有不能理解对方的感受的意味。只有温和的语气，才能表达出对员工的关心，也更容易安抚员工，理解他们的委屈。

坚定的态度，能让员工感受到管理者是可靠的，自己的委屈没有白受。不管是得到补偿还是化解误会，都有可能出现。

第三，安抚员工情绪的过程中，要注意方式方法。

不同的员工有不同的性格和需求，需要因人而异、因材施教。对于性格内向的员工，可以采取更为细腻的方式与他们沟通；对于性格外向的员工，可以更加直接地表达你的关心和支持。

"你的委屈，其实我都懂"，这不仅是对员工的关怀与理解，更是管理者素养的一种体现。一个优秀的管理者应该具备同理心、耐心和细心等品质，这样才能更好地理解和安抚员工的情绪。管理者也要不断学习和提升自己的管理能力，以便更好地应对各种复杂情况。

管理课

如何正确处理与客户的关系

跟客户"抢饭吃"，那是短视行为。

要跟客户"抢活干"，共同创造价值。

想着"吃"客户，那是自私的想法。

要想着帮客户多赚钱，实现共赢。

一分钟施压：
冲咖啡还是拿业绩，选一个吧

带团队不是做慈善，施压是筛选，也是激励。

抗不了压力的员工，凭什么坐在这个职位？

抗不了压力的员工，又凭什么与他人分割利益？

欲戴王冠，必承其重。

没有能抗压的员工，自然不会有能抗压的团队。

在商业世界的激烈竞争中，企业对于员工业绩的期待愈发高涨。然而，纯粹的期望并不能直接转化为员工的实际表现。这时，适当的施压成了一个有效的策略，可以激发员工的潜能，进而提升他们的工作表现。但如何恰当地施压，既达到提升业绩的目的，又不损害员工的积极性和工作热情，便成了一门艺术。

施压并非盲目地逼迫，而是有针对性地引导。了解员工的能力、性格，以及他们面对压力时的反应，是至关重要的。一些员工在压力下会迸发出更多的创新活力，另一些员工则可能感到不安和挫败。因此，管理者要细心观察、精准施压。

在施压的过程中，沟通是不可或缺的一环。管理者要明确传达期望和目标，让员工了解为何需要提高他们的业绩，以及这样做对于团队和公司的重要性。管理者也要倾听员工的声音，理解他们的困惑和挑战，从而调整施压的策略和强度。

曾国藩不仅是军事家、政治家，在教育方面也颇有建树。另一位晚清名臣李鸿章的成功，就离不开他的教导。

李鸿章年少得志，恃才傲物，又非常懒惰。如果不改正这些坏习惯，他恐怕难成大器。于是，曾国藩就想出一个办法，向李鸿章施加压力。

曾国藩将李鸿章编入他的麾下，负责处理文书工作。李鸿章每天都睡到日上三竿才起床，而湘军的规矩是清晨就要起来操练，曾国藩也不例外。

最初几日，李鸿章还能找各种借口赖床。几天以后，曾国藩就开始向李鸿章施压了。他先是命令士兵每天清晨去敲李鸿章的房门，后来又命令亲兵去叫李鸿章起床，最后干脆命人告诉李鸿章，如果他不肯起来吃早饭，大家就都等着他。就这样，李鸿章改掉了懒散的毛病，后来成为晚清四大名臣之一。

施压可以制造紧迫感，提高员工的行动力和积极性。但是，施压是有技巧的。毫无技巧地施压，就不是施压而是打压了。正确地施压，要遵守以下几个原则。

第一，不可一蹴而就，按部就班才稳妥。

每个人的心理承受力是不一样的。平日里乐观开朗的人，面对压力的时候，也可能崩溃。内向不合群的人，或许能承受更多的压力。这从外表上很难看出来，在平时表现中虽可窥见端倪，但不一定准确。

管理者向员工施压，一定要一点点增加，千万不能将万斤重压瞬间放在员工身上。万一员工缺少抗压能力，没有类似的经验，他可能会崩溃。即便管理者觉得这点压力不算什么，也不能轻易尝试。毕竟管理者往往有过类似的经验，承受能力与员工大不一样。

第二，要的是员工的改变，而非一定要有成绩。

管理者向员工施压，是为了激发员工的积极性，让员工能更快地挖掘自身潜力，加快成长速度。有些管理者认为，成功的标志就是员工做出成绩，这样的想法并不正确。想要成功，不能只依靠个人的努力，天时、地利、人和，都不可或缺。只要员工改掉坏习惯，走在正确的道路上，就可以认为施压成功了。此时，将员工融入团队，团队变得更好只是时间问题。

第三，有施压的办法，就要有减压的办法。

长期背负压力对人的心理健康影响是非常大的。即便压力不大，但持续时间较长，也能造成一定伤害。一则调查报告显示，人最快乐的时候，就是偿还了所有债务的时候。这种将负债清零的快感，甚至超过赚到大量的财富。可见，背负压力对人的影响是多么巨大。

因此，管理者在向员工施加压力之前，先要做好为员工减压的准备。否则，员工处在压力之下，短时间内迸发出的能量，都是提前向未来透支的。

施压并非长久之计，它更像一种短期的催化剂。长期来看，培养员工的自主性和自我驱动力才是关键。因此，管理者在施压的同时，也要注重培养员工的自主意识和责任感，让他们在没有外部压力的情况下，依然能够保持高效的工作状态。

总的来说，向员工施压是一门需要细致操作和深思熟虑的管理艺术。采取合理的施压策略，进行有效的沟通，给予全方位的支持与激励，提供长期的员工培养计划，管理者在帮助员工提高业绩的同时，也要促进员工个人的成长和发展。

 管理课

如何帮助下属提升抗压力

持续引导，做好心理预期。

赋予"压力大、责任小"的一线工作，逐步提升。

逐渐"压责"，循序渐进提升员工的"责任意识"。

加强培训、学习，提升员工认知。